Susann Brückner & Caroline Kraft

endlich.

GOLDMANN

Susann Brückner & Caroline Kraft

endlich.

ÜBER TRAUER REDEN

GOLDMANN

Sollte diese Publikation Links auf Webseiten Dritter enthalten, so übernehmen wir für deren Inhalte keine Haftung, da wir uns diese nicht zu eigen machen, sondern lediglich auf deren Stand zum Zeitpunkt der Erstveröffentlichung hinweisen.

Hinweis der Autorinnen:

Wir verwenden in diesem Buch gendergerechte Sprache und nutzen den Doppelpunkt, weil dieser unseres Wissens nach momentan die barriere-ärmste Rezeptionsform für sehbehinderte Menschen darstellt.

MIX
Papier aus verantwortungsvollen Quellen
FSC® C083411

Verlagsgruppe Random House FSC® N001967

2. Auflage
Originalausgabe März 2022

Covergestaltung: UNO Werbeagentur GmbH, München,
unter Verwendung einer Illustration von © Tine Fetz
Redaktion: bookTRade UG, Berlin
DF | Herstellung: CF
Satz: Uhl + Massopust, Aalen
Druck und Bindung: CPI books GmbH, Leck
Printed in Germany
ISBN 978-3-442-31633-5

www.goldmann-verlag.de

In diesem Buch geht es um Verluste. Unsere Verluste. Wir widmen es allen, deren Trauer wir nicht oder nur am Rande thematisieren: Allen, die nach Trennungen und Jobverlust trauern oder nach Abtreibungen, die ihr Zuhause verloren haben, die Krieg und Gewalt erfahren mussten, deren Haustiere gestorben sind, die ungewollt kinderlos sind. Eure Geschichten sind wichtig, denn Trauer hat viele Gesichter.

Inhalt

1 **Aus Scheiße Liebe machen** 8

2 **Alles darf, nix muss** 12
Über die Realität der Trauer

3 **Nicht ganz bei Trost** 32
Über die Reaktionen auf Trauer

4 **Kopfkino** 48
Über das Begreifen

Ein Kind, das in seine Mutter verliebt war 66
Im Gespräch mit Nora Gomringer

5 **Früher warst du anders** 80
Über Trauer und Beziehungen

6 **Ich muss laufen, laufen** 98
Über die Körperlichkeit von Trauer

7 **Durch Pfützen springen** 112
Über Kinder und Trauer

Wir wollten ihn erst begrüßen 130
Im Gespräch mit Rebecca Randak und Andy Steingrüber

8 **Alle Jahre wieder** 144
Über Rituale

9 **Kein Gestern und kein Morgen** 164
Über Trauer und Sex

Die Amsel auf dem Balkon 178
Im Gespräch mit Gabriele von Arnim

10 **Thirty years wiser** 194
Über posttraumatisches Wachstum

11 **Die Sache mit der schwarzen Wolke** 206
Über Suizid

12 **Sieben Forderungen für Trauer in einer modernen Gesellschaft** 224

Dank 229

Literatur 231

Quellen 235

1 Aus Scheiße Liebe machen

Endlich über Trauer reden? Können wir nicht lieber mit der Liebe anfangen? Denn seien wir ehrlich: Kaum jemand hat so richtig Lust, über Trauer zu reden. Keine Trauerpower, nirgends. Trauer stört den Ablauf, belastet die Eingeweide, frisst die Zeit. Sie ist ein Partykiller, der die üblichen Verdächtigen im Schlepptau hat: Wut, Angst und Scham. Eine nette Truppe.

Dabei gibt es jede Menge gute Gründe, um die Trauer besser kennenzulernen. Um vertrauter mit ihr zu werden. Dann erkennen wir sie nämlich, wenn andere sie mit sich herumtragen. Dann gehen wir ihr nicht aus dem Weg. Dann verhalten wir uns zu ihr. Wenn sie dann bei uns auf der Matte steht – was sie früher oder später bei allen tut –, werden wir gar nicht erst versuchen, ihr die Tür vor der Nase zuzuknallen. Weil wir dann schon wissen, dass es so nicht funktioniert mit ihr. Weil sie gesehen werden will. Weil sie eine richtige Rampensau ist.

Wenn sie unsere ungeteilte Aufmerksamkeit hat, hat Trauer übrigens auch ihr Gutes. Dann merken wir, dass gar nicht sie das Problem ist. Sondern unser Blick, unsere Ablehnung, unsere Angst. Unser innerer Widerstand gegen ein so intensives Fühlen, wie sie es verlangt. Genaugenommen ist die Trauer ihrer großen Schwester, der Liebe, also gar nicht so unähnlich.

Beginnen wir damit, wie wir, Caro und Susann, aus Scheiße Liebe machten. Als wir uns zum ersten Mal privat trafen, abends in einer Kreuzberger Kneipe. Wir waren dazu verabredet, über unsere Toten zu sprechen. Ja genau, nicht über die Arbeit und unser letztes Date, sondern über unsere Toten. *Butter bei die Fische,* müssen wir an diesem Abend gedacht haben – ohne Rumgedruckse, keine verschämten Blicke, keine Floskeln oder peinliches Schweigen. Stattdessen kam das ganze Trauerding auf den Tisch: Was beschissen war, was verwirrend und wo die Liebe immer wieder hervorblitzte. Wir lachten, weinten und tranken viel Schnaps.

Endlich, dachten wir, reden wir über den Tod.

Dass daraus ein Podcast entstanden ist, überrascht uns noch heute. In »endlich. Wir reden über den Tod« sprechen wir mit Expert:innen, Betroffenen, Menschen aus dem öffentlichen Leben und Todesaktivist:innen über Tod und Trauer. In diesem Buch steckt alles, was wir in den letzten vier Jahren endlich.-Podcast über die Trauer gelernt haben. Es erzählt die Geschichten, die wir selbst gern gehört hätten, als wir ihr – jede für uns – zum ersten Mal begegnet sind.

2 Alles darf, nix muss

Über die Realität der Trauer

Leid ist anders.
Leid kennt keinen Abstand.

JOAN DIDION, DAS JAHR MAGISCHEN DENKENS

Mein Geburtstag, vor knapp sechs Jahren. Ein paar Minuten nach Mitternacht klingelt mein Handy. Ich liege schon im Bett und habe keine Lust auf Glückwünsche. Kurz darauf klingelt das Festnetztelefon, und mein Anrufbeantworter springt an. »Caro, ich stehe vor deiner Tür, geh bitte ran.« Die Stimme einer Freundin. Gerührt setze ich mich auf, vermute eine nächtliche Geburtstagsüberraschung. Ich laufe zur Wohnungstür. »Du bist ja süß«, setze ich mit der Hand an der Türklinke an und stocke, als ich ihr Gesicht sehe. Sie weint. Noch heute bin ich mir nicht sicher, ob ich sie jemals vorher habe weinen sehen. »Stefan ist tot«, sagt sie. »Er hat sich das Leben genommen.«

Stefan war mein Ex-Freund. Wir hatten eine wilde und leidenschaftliche Beziehung gehabt, gleichermaßen schön wie schmerzhaft, selbst in den zwei Jahren seit unserer Trennung, in denen sie immer wieder aufgelodert war. Trotz allem hatte uns eine tiefe Freundschaft verbunden, Stefan war einer der wichtigsten Menschen in meinem Leben gewesen.

Die Nachricht seines Todes veränderte von einem Moment auf den anderen alles. Nichts, was mir zuvor wichtig gewesen war, schien noch Bedeutung zu haben. Alles, was ich dachte, alles, was ich tat, führte unweigerlich zu Stefan. Ich war schiffbrüchig. Aber statt mich an Land zu spülen, trugen die Wellen mich immer wieder zu einem einzigen Ort: seinem Tod. Ich konnte nichts dagegen tun. Auch wenn ich mich mit aller Kraft dagegenstemmte.

Dagegenstemmen hieß: Weitermachen wie bisher. Ich ging mit Freundinnen essen und unterhielt mich, bis der Druck in meiner Brust unerträglich wurde. Ging auf Konzerte und wartete ketterauchend in stinkenden Toilettenkabinen darauf, dass meine Panikzustände abflauten und ich mit zitternden Beinen nach Hause laufen konnte. Ging einkaufen und fand mich schreiend an der Supermarktkasse wieder. Alles endete in Tränen, in Fragen meiner Mitmenschen, in hilflosen Blicken.

Am meisten quälte mich der Gedanke an seinen Körper. Stefan war nicht der erste Mensch, den ich in meinem Leben verloren habe, doch er war der erste, dem ich auch körperlich nah gewesen war. Ich glaube, dass diese Tatsache eine Rolle spielte. Der Tod und das Begehren. Wie, verdammt noch mal, sollte ich das zusammenkriegen? Ich starrte in die Lücke dazwischen und begann, Notizzettel zu füllen. *Ich war dir nah,* schrieb ich. *Kannte deine Arme, deine Beine, deine Brust. Dein schöner Körper im Feuer.* Ich starrte auf die einzelnen Worte. Auf meine Hände, die sein Gesicht gestreichelt hatten. Dachte an seine Hände, die ich so schön fand. Ich bin am Leben. Er ist tot. Mein Verstand arbeitete auf Hochtouren, und mein Körper wurde seltsam taub.

Funktionierenmüssen

Mehrere Monate vergingen. Ich hielt es kaum aus, zu atmen, zu essen und zu schlafen. Trotzdem versuchte ich zu arbeiten. Jeder Vorstoß endete vor einem eingeschalteten Bildschirm, dem ich stundenlang mit leeren Augen gegenübersaß. Ein Zusammenbruch folgte auf den nächsten, wechselte sich mit erneuten Anläufen ab, wieder ins Büro zu gehen. Eine endlose Kette aus Wollen und Nichtkönnen. »Warum glaubst du, dass du funktionieren musst?«, fragte mich meine Psychotherapeutin. Ich wusste damit nichts anzufangen. Stattdessen fragte ich mich immer wieder, ob das, was mir passierte, *normal* war. Ob dieser Schmerz, neben dem alles von einem Moment auf den anderen verblasst war, irgendwann wieder verschwinden würde. Ich war aus dem Leben gefallen und wusste nicht, ob ich je wieder zurückfinden würde. Was ich erlebte, hatte nichts mit dem zu tun, was ich über Trauer zu wissen glaubte. Ich kannte niemanden, der nach dem Tod eines geliebten Menschen einfach ausgefallen war. Eigentlich kannte ich offene Trauer gar nicht.

Ich fühlte mich schuldig. Offenbar kamen andere viel besser mit ihren Verlusten zurecht als ich. Ich fragte mich immer wieder, ob der Tod eines Ex-Freundes eine solche Wucht rechtfertigte. Ich wusste noch nicht, dass Trauer keine Relationen kennt. Dass es kein Zuviel oder Zuwenig davon gibt. Und dass sich der Schmerz, den man selbst empfindet, nicht am Schmerz einer anderen Person messen lässt.

Das Bürgerliche Gesetzbuch (BGB) sieht für Arbeitnehmer bezahlten Sonderurlaub nach dem Tod eines Angehörigen vor.[1] Dieser wird in der Regel für Verwandte ersten Grades gewährt, die Dauer ist von der Kulanz des Arbeitgebers abhängig. Gängige Richtwerte liegen bei zwei bis drei Tagen. Zwei bis drei Tage also, wenn meine Eltern, meine Lebenspartner:in oder mein Kind sterben. Von einem Ex-Freund ist da nicht die Rede.

Nachdem mich eine Kollegin wiederholt tränenaufgelöst im Büro vorgefunden hatte, dämmerte mir, dass es so nicht weitergehen konnte. Mit einem Mal gestand ich mir ein, dass es mir nicht gut ging – und dass ich nicht wusste, wann es mir wieder besser gehen würde. Noch am selben Tag rang ich mich zu einem Gespräch mit meiner damaligen Chefin durch. Die Unterredung verlief gut. Sie war viel einfacher, als ich geglaubt hatte. Meine Vorgesetzte schien fast erleichtert, ganz so, als hätte sie selbst erwogen, bald auf mich zuzukommen. Sie schlug vor, dass ich mich eine Weile vertreten lassen könne und machte deutlich, dass ich zurückkehren konnte, wann immer ich wieder arbeitsfähig sein würde.

Was sich damals wie eine Kapitulation auf ganzer Linie anfühlte, war der erste und womöglich wichtigste Schritt, um die Realität meiner Trauer zu akzeptieren. Ich glaube, dass wir nicht wählen können, wie wir trauern. Mit den Erscheinungsformen der Trauer zu hadern oder sie zu unterdrücken hilft uns nicht weiter. Wir müssen unsere Trauer als das erkennen, was sie ist, sie annehmen und uns mit ihr arrangieren – wie seltsam, wie fehl am Platz sie uns auch zunächst erscheinen mag. Und wie wenig sie gerade in unser Leben passt.

Nach dem Gespräch mit meiner Chefin ging ich nach Hause, legte mich ins Bett und schaute eine Serie: eine Farm vor der Kulisse der kanadischen Rocky Mountains, eine Familie, die durch dick und dünn geht, Pferde. Viele Pferde. Acht Staffeln lang, gut sechstausend Minuten, jede Folge mit einem Happy End. Ich ließ alles andere stehen und liegen und sagte jede Verabredung, jede Verpflichtung ab. Stattdessen ging ich spazieren, stundenlang. Und setzte mich an den Baum, den Stefans Freund:innen am Landwehrkanal für ihn gepflanzt hatten.

Mein Leben verlangsamte sich. Noch immer drehte sich alles, was ich dachte und worüber ich sprach, um Stefan. Und doch schlich sich ein weiteres Gefühl ein: Zum ersten Mal seit seinem Tod fühlte sich etwas *richtig* an. Es war *richtig*, meinem Schmerz den Raum zu geben, den er monatelang so nachdrücklich eingefordert hatte. In mir war etwas in Bewegung geraten: *Aus meinem Schulwissen*, notierte ich, *tauchen Bilder von sich verschiebenden Erdplatten auf. Erdkruste und Tektonik, Begriffe, deren Bedeutung ich erst nachschlagen muss, um zu verstehen, wie zutreffend sie dieses Gefühl beschreiben, eine Ahnung von Bewegung aus dem tiefsten Inneren, nur seismographisch erfassbar. Was folgt, sind Hoffnung und Verzweiflung. Hoffnung auf ein Leben nach der Trauer. Und mit ihr die Ernüchterung, die zusätzliche Trauer um das langsame Verschwinden dieser ersten, alles verschlingenden, lähmenden Trauer. Was bleibt von dir, wenn auch die Trauer fortgeht?*

Beim Arzt

Atmen, essen, schlafen. Was ich damals tat, war überleben – zu diesem Zeitpunkt hätte ich das jedoch nicht formulieren können. Erst viel später stieß ich auf das Modell der Trauerexpertin Chris Paul.[2] Überleben ist darin die erste von sechs Facetten der Trauer, die im Lauf der Zeit mal mehr, mal weniger stark hervortreten können. Ich glaube, dass mir das damals geholfen hätte: zu wissen, dass es dieses emotionale Notprogramm gibt. Dass es okay ist, einfach nur durch den Tag zu kommen, nicht zu funktionieren. Dass das (auch) Trauer ist.

In der Alltagswelt da draußen ist es hingegen nicht so einfach, nicht zu funktionieren. Erwerbstätige Trauernde, bei denen sich dieses Notprogramm über einen längeren Zeitraum anschaltet, brauchen eine Krankschreibung, für die mich mein Hausarzt an einen Psychiater überwies, wo ich noch nie zuvor gewesen war. Ich erhielt die Diagnose Anpassungsstörung. Ab diesem Zeitpunkt wurde ich behandelt wie eine Patientin mit einer langfristigen Erkrankung: Die dazugehörige Krankschreibung galt zunächst für vier Wochen und war, um für denselben Zeitraum verlängert zu werden, mit einem erneuten Arztbesuch verbunden. In den Nächten vor diesen wiederkehrenden Terminen überfiel mich Panik. Mir war klar, dass ich noch nicht wieder arbeitsfähig war, doch was, wenn der Psychiater das anders sah? Würde ich ihn erst überzeugen müssen?

Bei meinem zweiten Besuch schlug mir der Psychiater vor, in Kur zu gehen. Er gab mir Informationsmaterial mit, in dem von psychischen Störungen die Rede war, von Gruppen-, Gestalt- und Tanztherapie. Nichts davon fühlte sich richtig an. Ich lehnte ab. Daraufhin verschrieb er mir ein Antidepressivum, das ich jeden Morgen nehmen sollte. Die unendliche Liste von Nebenwirkungen, die im Beipackzettel genannt wurde, gruselte mich. Die Tabletten lagen wochenlang unangetastet auf meinem Nachttisch. Ich war hin- und hergerissen zwischen der Angst, ich könnte von einem Moment auf den anderen depressiv geworden sein, und dem vagen Gefühl, dass ich nicht Medikamente brauchte, sondern Zeit. Und zwar viel mehr Zeit, als ich mir jemals hätte vorstellen können.

Dieser Zwiespalt war alles andere als hilfreich. Einerseits konnte ich es mir dank der Krankschreibung endlich erlauben, nicht zu funktionieren, ohne mich um meine Existenzgrundlage sorgen zu müssen. Das empfinde ich als großes Privileg, denn ich weiß, dass nicht alle Trauernden diese Möglichkeit haben. Andererseits wurde meine Situation pathologisiert. Nun hinterfragte ich permanent meinen psychischen Gesundheitszustand, anstatt das zu tun, was mir wirklich half: zu trauern. So krass, so extrem, so schmerzhaft, wie es eben sein musste.

Trauer hat keine Lobby

Anfang 2022 wurde die Diagnose »Anhaltende Trauerstörung« von der Weltgesundheitsorganisation (WHO) in das ICD, das Klassifikationssystem für medizinische Diagnosen, aufgenommen. Sie kann frühestens sechs Monate nach dem Tod einer nahestehenden Person gestellt werden und wird durch verschiedene Merkmale definiert, unter anderem »ausgeprägte Sehnsucht nach der verstorbenen Person, welche begleitet wird durch starke emotionale Schmerzen (z. B. Traurigkeit, Schuldgefühle, Wut, Verleugnung, Schwierigkeiten, den Tod anzunehmen, das Gefühl, einen Teil des eigenen Selbst verloren zu haben, die Unfähigkeit, eine positive Stimmung zu erleben, emotionale Taubheit, Schwierigkeiten bei der Beschäftigung mit sozialen oder anderen Aktivitäten).«[3]

Die Entscheidung der WHO leistet der Pathologisierung von Trauer Vorschub und ist dementsprechend umstritten. In Fachkreisen löste sie eine heftige Debatte aus. Einerseits war es begrüßenswert, dass Trauernde dadurch Zugang zu professioneller Unterstützung wie Psychotherapie bekommen und Anrecht auf Lohnfortzahlung haben, wenn sie nicht arbeiten können. Andererseits stieß die Klassifizierung von Trauer als psychische Störung auf scharfe Kritik. Der Deutsche Hospiz- und PalliativVerband (DHPV) betonte, wie individuell Trauerprozesse verlaufen können. »Der DHPV versteht Trauer als natürliche Reaktion auf einen schweren Verlust und als Kraft, mit dieser Situation umzugehen. (…) Die Trauer braucht Zeit, damit die Erfahrungen des Verlustes langsam in das Leben integriert werden können. Das ist bei Trauernden sehr unterschiedlich. Durch Festlegungen von bestimmten Zeiten werden Prozesse der Trauer eingegrenzt und normiert. Störungen in diesen Prozessen entstehen nicht durch die Trauer, sondern durch den Verlust einer nahen Bezugsperson. Trauer hingegen hat heilende Kraft und kann zum Beispiel dem Entstehen von Depressionen entgegenwirken.«[4]

Dem kann ich nur zustimmen. Ich habe selbst erlebt, wie sehr der Trauerprozess erschwert wird, wenn ihm der Stempel einer psychischen Störung aufgedrückt wird. Wenn ich heute auf die ersten zwei Jahre nach Stefans Tod zurückblicke, fühlt es sich nicht an, als sei ich krank gewesen. Ich trauerte. Doch das passt nicht in eine Gesellschaft, die in erster Linie auf Leistung ausgerichtet ist. Wir müssen Mittel und Wege finden, wie Trauer gelebt werden kann, ohne dass sie als krankhaft erfahren wird, ohne dass Trauernde, die längerfristig nicht arbeiten können, alle paar Wochen zum Psychiater rennen müssen. Dabei spielen auch Begrifflichkeiten eine Rolle. »Trauerstörung« vermittelt ein anderes Bild als beispielsweise »Trauerreaktion«.

Wenn es um die Frage geht, ab wann normale Trauer in eine pathologische Form übergeht, bewegen wir uns auf dünnem Eis. Denn was genau bedeutet hier »normal«? »Obwohl Trauer nach dem Tod einer nahestehenden Person ein universelles Erleben ist, fällt es nach wie vor schwer, eine Normierung eines nicht-pathologischen Trauerprozesses festzulegen«, sagt die Trauerforscherin Birgit Wagner. Es gibt also keine vorgefertigten Konfektionsgrößen für Trauer. Wagner unterstreicht, dass »es individuelle und kulturelle Abweichungen« gibt, »die nur schwer zu normieren sind.«[5]

Sicherlich gibt es Verläufe, bei denen Trauernde professionelle Hilfe brauchen. Traumatische Verluste können posttraumatische Belastungsstörungen* nach sich ziehen. Auch Depressionen können von Trauer getriggert werden. Doch das ist eher die Ausnahme als die Regel. Wir neigen dazu, Trauer als ein Problem anzusehen, das möglichst schnell aus der Welt geschafft werden muss. Ist das nicht möglich, gelten wir als krank. Das hat auch mit unserem Gesellschaftsverständnis zu tun. Der Zukunftsforscher Matthias Horx stellt in seinen »Acht Thesen zur Trauerkultur im Zeitalter der Individualität« fest, dass moderne Gesellschaften die Trauer als »eine Störung ökonomischer und sozialer Routinen« tabuisieren.[6]

Hier läuft also etwas gehörig schief. Wir sollten damit anfangen, Trauer, egal wie intensiv und lang sie ist, als gesunde Reaktion auf einen Verlust zu begreifen.

Trauer auf der Spur

Um Missverständnisse zu vermeiden, ist es also wichtig, Trauer und Depression nicht in einen Topf zu werfen. Das ist gar nicht so einfach, denn diese beiden Zustände können sich manchmal zum Verwechseln ähnlich sehen. Die Forschung bestätigt, dass Trauer und Depression Überschnei-

* Tritt nach einem traumatisierenden Erlebnis eine posttraumatische Belastungsstörung (PTBS) auf, zeigen sich Symptome wie Flashbacks, Vermeidung, Lähmung und Schreckreflex.

dungen haben (zum Beispiel Traurigkeit, Schuldgefühle, gedrückte Stimmung und sozialer Rückzug), gleichzeitig aber auch deutliche Unterscheidungsmerkmale aufweisen. Die Gedanken von Trauernden drehen sich vor allem um die verstorbene Person, während depressive Menschen in ihren negativen Gefühlen oft stark auf sich selbst fokussiert sind.[7]

In einer Folge des großartigen Podcasts *On Being* spricht die US-amerikanische Journalistin Krista Tippett mit dem Autor Andrew Solomon. Er beschreibt darin den Moment, in dem er nach dem Tod seiner Mutter von tiefer Trauer in Depression abglitt. »Als die Depression kam, war da keine Trauer mehr. Ich blieb zurück mit diesem stumpfen Gefühl der Taubheit. Plötzlich war alles egal: dass meine Mutter gestorben war, dass mein Buch Erfolg hatte. Auf beiden Seiten des Spektrums war einfach nichts mehr von Bedeutung.«[8] Andere Betroffene berichten: »Alles ist vage, so unscharf, auch der Schmerz.«[9] Vielleicht liegt darin ein Unterschied zur Trauer – oder sagen wir: zu meiner Trauer. Denn auch für mich hatte von einem Moment auf den anderen alles an Bedeutung verloren. Alles, nur eines nicht – dass Stefan gestorben war. Der Schmerz um ihn war messerscharf.

Wir sollten eins nicht vergessen: Dass Trauer einen guten Grund hat, nämlich den Verlust eines geliebten Menschen. Und einen Sinn – auch wenn es sich vielleicht nicht so anfühlt, wenn wir mittendrin stecken. Durch sie – wie schwer dieser Prozess auch sein mag – lernen wir, uns an eine neue Lebenssituation anzupassen. Und das kann eben dauern. Punkt.

Auf die Frage nach der Dauer hat die Wissenschaft übrigens auch keine eindeutige Antwort. Die Forschung tut sich schwer damit zu definieren, wie lange die sogenannte normale Trauer anhalten kann. Nur wenige Studien untersuchen Trauerverläufe langfristig. Eine 2006 durchgeführte Untersuchung mit verwitweten Personen zeigt, dass diese auch Jahrzehnte nach dem Tod noch Trauerreaktionen zeigen und außerdem im regelmäßigen inneren Dialog mit ihren verstorbenen Partner:innen stehen.[10]

Ich weiß noch, wie ich Susann drei Monate nach Stefans Tod verzweifelt fragte, wie lange das noch so gehen würde. Heute denke ich: Wie konnte es sein, dass ich so wenig über Trauer wusste, dass mir drei Monate lang vorkamen? Letztendlich vergingen vier Jahre, bis mein Leben wieder in normalen Bahnen verlief.

Wenn es um Trauer geht, geistern so einige irreführende Vorstellungen durch unsere Gesellschaft. Heilung ist eine davon. Wenn ein liebster Mensch stirbt, wird nichts wieder heil. Trauer ist ein Übergangsprozess vom Leben mit diesem Menschen in ein Leben ohne ihn. Dieser Prozess verändert uns. Es gibt kein Zurück. Wir sollten anfangen, in Erwägung zu ziehen, dass Trauer nicht einfach irgendwann wieder verschwindet. Dass sie leichter wird, aber ein Teil von uns bleibt. Für mich gilt: Nach diesen vier Jahren war meine Trauer nicht beendet. Ich hatte nur gelernt, mit ihr zu leben.

Trauer, genauso komplex wie wir

Auch die Idee, dass wir unsere Toten loslassen und nach vorne schauen müssen, ist großer Unsinn, der auf Sigmund Freud zurückgeht. Der Begründer der Psychoanalyse war der Meinung, dass die eigentliche Aufgabe des Trauerprozesses darin bestehe, sich von der verstorbenen Person zu lösen, um wieder nach vorne schauen zu können.[11]

Die neuere Trauerforschung verfolgt hingegen einen beziehungsorientierten Ansatz. Dabei geht es darum, mit der verstorbenen Person in Verbindung zu bleiben und ihr eine neue Rolle im eigenen Leben zuzuweisen. Von diesem Konzept werde ich mehr im Kapitel »Alle Jahre wieder«, in dem es um Rituale geht, erzählen.

Trauerprozesse sind komplex und von zahlreichen Faktoren abhängig. Die Begleitumstände des Todes (hat eine Person sehr gelitten, oder ist sie friedlich im Schlaf verstorben?), die Todesart oder die Beziehung, die wir zu der verstorbenen Person hatten, sind nur wenige davon. Auch unsere Lebenssituation und Persönlichkeit spielen eine große Rolle dabei, wie wir trauern – etwa, ob wir schon andere Verlusterfahrungen gemacht haben und wie wir mit ihnen umgegangen sind. Deshalb ist es so schwer, generelle Aussagen über Trauer zu treffen. Trotzdem ist es hilfreich, sich diese Faktoren genauer anzuschauen – nicht, um unsere Trauer zu bewerten oder zu hierarchisieren, sondern um uns bewusst zu machen, welche besonderen Herausforderungen ein Verlust mit sich bringt.

Die Wissenschaft benennt sogenannte Risikofaktoren, die

Trauer erschweren können. Einer davon ist ein plötzlicher Tod, zum Beispiel durch einen Unfall. Wenn eine Person unerwartet stirbt, stehen wir zunächst unter Schock. Unser Verstand kommt nicht hinterher. Dass ein Mensch, der gerade noch mit uns am Frühstückstisch saß, jetzt tot sein soll, ist doppelt schwer zu begreifen. Auch ein gewaltsamer Tod wie der von Stefan erschwert den Trauerprozess. Ein weiterer Umstand, der fast unweigerlich auf einen erschwerten Trauerprozess hinausläuft, ist der Tod eines Kindes.

Doch Trauer ist tricky. Neben solch unübersehbaren Faktoren gibt es auch jene, die man nicht auf den ersten Blick erkennt. Sie haben mit unseren Beziehungen zu tun. »Keine Liebe ohne Trauer«, schreiben wir im Eingangsmotto unseres Buches. Da haben wir den Salat. Denn so unterschiedlich die Liebe ist, so unterschiedlich ist auch die Trauer. Die komplexen Beziehungen, die wir zu den Menschen haben, die uns nah sind, setzen sich in der Trauer um ihren Verlust fort. Wenn die geliebte 85-jährige Großmutter stirbt, mag ihr Tod womöglich nicht ganz überraschend kommen. Folgt er auf eine lange Krankheit, spielt möglicherweise sogar Erleichterung eine Rolle.* Können wir uns auf den Tod vorbereiten, uns verabschieden, letzte Dinge sagen, ist das für den weiteren Trauerprozess hilfreich. Trotzdem ist da ein Mensch gestorben, mit dem man sein ganzes Leben verbracht hat. Damit leben zu lernen ist schwer, egal, wie erwartbar der Tod gewesen sein mag. Tiefe Liebe zieht tiefe Trauer nach sich.

* Erleichterung ist übrigens ein legitimes Gefühl in der Trauer, das gar nicht so selten vorkommt, aber häufig schambesetzt ist.

Ambivalente Beziehungen wiederum behindern den Trauerprozess. Eine Leserin der *Washington Post* schrieb der Kolumnistin Carolyn Hax von dem Verlust ihrer Mutter, zu der sie ein schwieriges und eher distanziertes Verhältnis hatte. Sie fragte sich, woher die überbordende Trauer kommen mochte, die sie nach deren Tod in regelmäßigen Abständen einholte. Die Journalistin antwortete: »Sie trauern um die Mutter, die Sie hatten, und die Mutter, die Sie nicht hatten.«[12] Sich der Realität des Todes zu stellen kann eben auch heißen, mit der eigenen Lebensgeschichte konfrontiert zu werden und sich von versöhnlichen Hoffnungen verabschieden zu müssen. Ich habe erst lange nach Stefans Tod begriffen, wie sehr ich noch in ihn verliebt war, als er starb. Wie sehr ich darauf gehofft hatte, dass wir doch nochmal die Kurve kriegen würden. Mir das einzugestehen und mir bewusst zu machen, was ich konkret betrauere, war für mich ein großer Schritt.

Traurig, traurig: Trauernormen

Welche Beziehung wir zu unseren Toten haben, hat auch Einfluss darauf, ob unsere Trauer gesellschaftlich anerkannt wird. Die erste Frage, die mir fast immer gestellt wird, wenn ich von Stefan als meinem Ex-Freund spreche, ist, ob wir zum Zeitpunkt seines Todes noch zusammen waren. Früher quälte mich das, die unausgesprochene Botschaft hinter dieser Frage dröhnte in meinen Ohren: Wenn ihr nicht mehr zusammen wart, ist es ja nicht so schlimm.

Es ist nicht so, dass ich diese Reaktion nicht verstand.

Mehr noch: Ich zweifelte ja selbst daran, ob meine Trauer gerechtfertigt war. Heute weiß ich, dass es einen Begriff für dieses Phänomen gibt: aberkannte oder entrechtete Trauer.

Wir alle haben bestimmte gesellschaftliche und kulturelle Normen im Kopf, die auch vor der Trauer nicht Halt machen. Diese Normen bestimmen, welche Verluste betrauert werden dürfen, auf welche Art und Weise dies geschehen darf – und wer überhaupt das Recht hat zu trauern. Die Trauerexpertinnen Tanja M. Brinkmann und Chris Paul schreiben dazu, »dass Verluste, trauernde Menschen und ihre Trauerreaktionen regelmäßig in eine meist unbewusste Rangordnung gebracht werden«. Aus dieser Rangordnung resultieren Trauernormen, die »auch individuell durch Familiengeschichte oder Persönlichkeitsmerkmale bestimmt sind«. Das hat weitreichende Folgen: »Begleitende ebenso wie Nachbarn, Angehörige und Trauernde«, geben, so die Autorinnen, »selbst automatische Bewertungen«[13] ab: Sie stufen Verluste unterschiedlich ein und ordnen Trauerreaktionen danach, wie angemessen sie ihnen erscheinen. Auch deshalb erfahren Trauernde unterschiedliche zwischenmenschliche Anteilnahme oder professionelle Unterstützung. Es ist also stark von sozialen Faktoren abhängig, ob und wie Trauer gelebt werden kann.

Ende der 1980er-Jahre prägte der US-amerikanische Trauerforscher Kenneth Doka den Begriff »entrechtete Trauer«. In seinem Buch *Disenfranchised Grief: Recognizing Hidden Sorrow* (etwa: Entrechtete Trauer: Verdeckten Kummer erkennen) definiert er diese als Trauer, die ein Mensch nach einem Verlust empfindet, der nicht offen anerkannt oder sozial sanktioniert wird. Das ist vor allem dann der Fall, wenn wir um eine Person außerhalb der Familie trauern. »Die Nähe einer außerfamiliären Bindung wird in solchen Fällen nicht verstanden und gewürdigt, obwohl die Rollen von Liebhabern, Freunden, Nachbarn, Pflegeeltern, Kollegen, Schwagern oder Schwägerinnen, Stiefeltern oder -kindern, Pflegern, Beratern, Therapeuten oder Zimmernachbarn (zum Beispiel in einem Pflegeheim) über lange Zeit entstanden, etabliert und sehr interaktiv sein können«, schreibt Doka. »Obgleich solche Beziehungen bekannt sind, mögen Trauernde dennoch keine Gelegenheit haben, ihren Verlust öffentlich zu betrauern.«[14]

Ich muss es einmal ganz deutlich sagen: Trauernormen und die damit verbundenen gesellschaftlichen Rollen sind, wie Susann sagen würde, *bullshit.* Sie führen zu nichts Gutem. Ich hatte sie so sehr verinnerlicht, dass ich meiner Trauer den Ausdruck absprach, den sie brauchte. Ich bin froh, dass sie mich mittlerweile nicht mehr im Griff haben.

Wir müssen über Trauer reden

Ein besonderes Beispiel von sozial sanktionierter Trauer sind Abtreibungen oder Fehlgeburten. In Neuseeland wurde 2021 ein Gesetz erlassen, das es Frauen und ihren Partner:innen – unabhängig von Ehestatus und biologischer Elternschaft – erlaubt, sich drei Tage bezahlte Trauerzeit zu nehmen, wenn sie ein Kind durch eine Fehlgeburt verloren haben. Dabei ist es unerheblich, wie weit die Schwangerschaft bereits fortgeschritten war. Zuvor waren freie bezahlte Tage in Neuseeland erst ab dem fünften Schwangerschaftsmonat erlaubt.

Nun kann man sagen, dass drei Tage Trauerzeit viel zu wenig sind. Doch im Hinblick auf das Konzept der entrechteten Trauer ist der Beschluss ein wichtiges Signal. Er sensibilisiert für diese Art des Verlustes, macht aus Trauer keine Krankheit und gibt den Betroffenen eine öffentliche Lobby (und steht nebenbei noch für eine zeitgemäße Auffassung von Elternschaft). Gleichzeitig lenkt er die Aufmerksamkeit darauf, dass sich Trauer nicht nach der Schwangerschaftswoche richtet. Alles in allem: *Good Job*, Neuseeland!

Wir müssen über Trauer reden. Mir kommt es fast so vor, als gäbe es eine Art Geheimbund der Trauernden – erst wenn du es selbst erlebt hast, sprechen die Menschen mit dir darüber. Dann erzählen sie dir von ihren Verlusten, ihren Krisen, ihren Ängsten, von dem Gefühl, plötzlich nicht mehr leben zu können.

Nicht wenige Menschen machen nach einem Todesfall weiter, als sei nichts passiert. Auch das ist, Susann erzählt im nächsten Kapitel davon, eine Form des Überlebens. »Zur Trauer gehört auch, sich selbst zu stabilisieren«, meint der Berliner Bestatter Jan Möllers. »Gerade nach plötzlichen Todesfällen sind Trauernde oft die ersten ein bis zwei Jahre damit beschäftigt, sich wieder in ihrem Leben zurechtzufinden. Das ist eine riesige Leistung.« Menschen, die Trauernden nahestehen, rät er dazu, diese Leistung wertzuschätzen, auch wenn sie vielleicht nicht auf den ersten Blick zu erkennen ist. Oft helfe es den Nahestehenden auch, die eigene innere Haltung zu verändern und liebevoller auf die Situation zu blicken, die die trauernde Person erlebt. Nicht zu denken: »Sie verdrängt ja alles«, sondern: »Sie konzentriert sich auf etwas.«[15] Nämlich darauf, auf ihre eigene Weise durch eine verdammt schwere Zeit zu kommen. Denn, so formuliert es Chris Paul: »Trauern ist die Lösung, nicht das Problem.«[16]

Buch: Annie Ernaux, *Eine Frau*
Song: The Weakerthans, *Left and Leaving*
Serie: *After Life*

3 Nicht ganz bei Trost

Über die Reaktionen auf Trauer

> Dass ein Kellner gedacht hatte, gratis Kuchen
> und Eis würden mich trösten,
> berührte und befremdete mich zugleich.
>
> HELEN MCDONALD, H WIE HABICHT

Der Geruch von Abgas genügt, und ich bin wieder 19 Jahre alt, gerade Halbwaise geworden. In seinem Abschiedsbrief schrieb mein Vater »Ich kann nicht mehr« und bat uns – meine Mutter, meinen Bruder und mich – um Verzeihung. Ich kannte ihn sanft gegenüber Menschen. Die armen Kaninchen hatte er, was ich ihm sehr übelnahm, zwar geschlachtet, aber Gewalt gegenüber Menschen war ihm fremd. Geschichten über seinen jugendlichen Jähzorn kursierten, und darüber, dass er meinem Bruder einmal eine gescheuert habe. Von diesem einen Mal wurde uns Kindern immer wieder erzählt, weil es so unvorstellbar war und uns wohlig gruseln ließ. Die Art, wie er gegangen ist, passte dazu. Abgasvergiftung. Die Garage riecht noch heute danach.

In einer kleinen Stadt spricht sich so etwas schnell herum. Eine schauderhafte kleine Sensation. Einige Nachbar:innen brachten Trauerkarten, in denen Geldscheine steckten. Verwandte brachten Essen. Der Bestatter den Urnenkatalog. Ich hörte auf einmal nicht mehr gut und sah nur verschwommen. Dafür schärfte sich mein Geruchssinn, es war, als konzentrierte sich alles, was ich wahrnahm, in meiner Nase. Die Besucher:innen rochen nach Angst, Schock und Mitleid. »Aufrichtiges Beileid« sagten sie und schauten dabei überhaupt nicht aufrichtig. »Herzliches Beileid« war noch schlimmer, es fühlte sich an wie eine Gratulation. Ständig hatte ich das Gefühl, von mir werde eine bestimmte Performance erwartet, und ich konnte den Text nicht. Ich wollte gern weiter in die Welt passen, wusste aber nicht, wie. Es ging mir schlecht, ich hatte Schmerzen, die ich nicht verstand. Ich kannte mich nicht mehr aus. Ähnlich wie Caro es schildert, hatte auch ich keine Ahnung, was da von mir Besitz ergriff und meine Wahrnehmung veränderte, was das überhaupt ist: Trauer.

Kein Publikumsknaller

Es ist verrückt, aber die meisten Leute haben davon keine Ahnung, nicht mit 19, nicht mit 37 und oft nicht mal mit über 50. Erfreulicherweise ändert sich mittlerweile der gesellschaftliche Umgang mit dem Tod. In den Medien melden sich vermehrt alternative Bestatter:innen, Palliativpfleger:innen und -mediziner:innen oder Hospizler:innen zu Wort. Die Magazine großer Tageszeitungen veröffentlichen Artikel, die fordern, der Tod solle wieder mehr als Teil des Lebens begriffen werden, und immer mehr Menschen betreiben Social-Media-Accounts oder schreiben Bücher, die sich mit der Endlichkeit des Lebens befassen. Sogar das Kulturfernsehen thematisiert den Tod und das Sterben. Sich die eigene Vergänglichkeit bewusst zu machen ist beinahe ein Trend. Und das ist auch gut so!

Trauer hingegen ist kein Publikumsknaller. Trauer klingt nach Schmerz und Leid, das ist anstrengend und fürchterlich. Auf die Frage, ob jemand Angst vor dem Tod habe, bekamen Caro und ich sehr oft die Antwort, dass nicht der Tod das Schlimme sei, vielmehr fürchte man sich vor den Schmerzen, dem Leid. Dabei dachten die Befragten vielleicht mehr an das Sterben, weniger an die Trauer, die es begleitet. Aber Trauer ist Schmerz. Nicht nur, aber auch. Verständlich, dass man damit nichts zu tun haben will. Und trotzdem ist es sehr wahrscheinlich, dass wir alle früher oder später Trauernde sein werden. Wir werden dann komische Sachen machen. Wie etwa zahllose Online-Pakete zu bestellen und sie nicht auszupacken. Oder auf die Straße zu rennen und zu schreien. Oder getragene T-Shirts der verstorbenen Person in Gefrierbeutel zu packen, damit sie länger ihren Geruch behalten. Und es wäre doch hilfreich zu lernen, wie man es schaffen kann, diesen Schmerz auszuhalten und den anderer tragen zu helfen. Denn ebenso wahrscheinlich, wie der eigenen Trauer irgendwann zu begegnen, ist es, dass wir es mit trauernden Menschen in unserem Umfeld zu tun bekommen.

Leider sind die Reaktionen der Mitmenschen auf unsere Trauer oft keine besonders große Stütze. Es wird gestottert, geschwitzt und sich vor Verlegenheit gewunden. Einige verschwinden einfach und melden sich gar nicht mehr, andere wollen uns unbedingt trösten.

Aber was ist Trost eigentlich? Im Deutschen Wörterbuch der Brüder Jacob und Wilhelm Grimm ist zu lesen, dass der Begriff zunächst die Bedeutung »Vertrauen, Zuversicht, Mut« hatte. In der konkreten Bedeutung heißt jemandem Trost spenden, dieser Person »Hilfe, Rettung und Schutz gewähren«. Das ist eine gute, eine liebevolle Absicht. Aber sie hat ihre Tücken.

Trauer ist belastend, und Trauernde sind es auch. Das mit jemandem gemeinsam auszuhalten ist enorm anstrengend. Dabei ist der Wunsch zu trösten nur allzu verständlich. Wir möchten eine Lösung finden, einen Zauberspruch, irgendetwas, das wir tun können, damit es der anderen Person schnell wieder besser geht. Wir möchten diejenigen, die wir lieben, nicht leiden sehen. Aber es hilft nicht zu hören, alles werde wieder gut. Denn es wird nicht wieder gut, jedenfalls nicht so wie zuvor. Ebenso wenig tröstend sind Bemerkungen wie »er ist jetzt an einem besseren Ort« oder »vielleicht ist es besser so« oder »du wirst darüber hinwegkommen. Du bist stark«. Diese Sätze treffen zielgenau neben die Realität des Verlusts. Sie führen dazu, dass der oder die Trauernde sich nicht nur unverstanden fühlt, sondern auch noch zu einer freundlichen Antwort genötigt sieht, schließlich war es ja nur gut gemeint. Und schon kümmert sich die trauernde Person um die tröstende Person statt umgekehrt. Komplett verdreht!

Zauberwort Anerkennung

»Es widerspricht der Intuition, doch wahrer Trost liegt darin, dass der Schmerz gewürdigt wird«, sagt die Autorin und Psychotherapeutin Megan Devine.[17] Gelingt es uns, emotionale Zustände anzunehmen, ohne sie heilen oder aktiv verändern zu wollen, so validieren wir sie. Das Konzept der Validation stammt aus der Pflege demenzkranker Menschen. Mich wundert es nicht, dass es Eingang in die Trauerbegleitung gefunden hat, denn heftige Gefühle und Orientierungslosigkeit sind Zustände, die Trauernde und Demente teilen. Keine leichte Aufgabe, sich darauf einzustellen.

Der Reflex, den Schmerz wegmachen zu wollen, ist tief in uns verankert. Mir fiel es sehr schwer, ihm nicht nachzugeben, als meine 13-jährige Tochter kurz hintereinander ihre beiden geliebten Meerschweinchen verlor. Sie litt und trauerte heftig. Ich wollte so gern, dass es ihr schnell besser ging! Ich wollte ihr versichern, dass in ein paar Monaten alles besser sei, dass die Meerschweinchen ein stolzes Alter erreicht hätten, dass wir sie sehr liebten und wollten, dass es ihr verdammt noch mal wieder gut gehe! Aber das hätte sie nur wütend gemacht (ich weiß das, weil andere Menschen in ihrem Umfeld diesem Reflex nachgaben). Und sie hätte zu Recht so reagiert. Denn all diese Sätze sagen nur eines: »Hör auf, dich so schlecht zu fühlen. Ich ertrage das nicht.« Was Trauernde hingegen brauchen – und im ersten Schmerz ist es egal, ob es sich bei dem Verlust um einen Menschen, einen Hund oder ein Meerschweinchen handelt –, ist die Anerkennung ihres Schmerzes, sprich: Validation. Eine

Freundin sagte einfach: »Das ist schlimm.« Nichts weiter, kein aber. Das ist ein guter Anfang. Der Rest ist vorsichtiges Fragen.

Als mein Vater starb, musste ich mich nicht nur dazu verhalten, sondern auch zu mir selbst: Ich hatte keine Ahnung, wie ich mit mir und meiner Trauer umgehen sollte. Ich gab mir große Mühe, unauffällig zu sein. Um kein Aufheben zu machen, gab ich den anderen, was sie brauchten: Die mitleidig Betroffenen, die in Tränen ausbrachen, noch während sie mich fragten, wie es mir denn gehe, beruhigte ich. Diejenigen, die die Straßenseite wechselten oder komplett abtauchten, ignorierte ich höflich. Erkundigte sich jemand, wie es mir gehe, lieh ich mir die Antwort bei der Journalistin Saskia Jungnikl: »Es geht mir so, wie die anderen wollen«[18] – ein Gedanke, den ich natürlich nicht laut aussprach.

Es fiel mir schwer, etwas zu fühlen. Wollte mich jemand tröstend umarmen, erstarrte ich. Ich konnte mich zu anderen verhalten, zu mir selbst aber nicht. Im Mittelpunkt zu stehen war mir extrem unangenehm. Und ich schämte mich. Für meine kaputte Familie, dafür, dass mein Vater so sehr nicht mehr hatte bei uns sein wollen, dass er seine ganze Welt auslöschte. Dafür, dass ihn keine:r von uns hatte retten können, dafür, dass er für keine:n von uns am Leben geblieben war.

Ich wollte damals Zeit mit mir, ganz allein. Ich wollte in die Leere hineinstarren können. In die da draußen und in die in mir drinnen. Aber der Grat zwischen Allein-sein-Wollen und Sich-allein-gelassen-Fühlen ist schmal. Megan Devine rät in solchen Fällen zu »unerschütterlicher Präsenz« – einfach für ein paar Stunden vorbeikommen, gemeinsam Musik hören, ein paar Bier trinken. Oder Pilze suchen gehen. Eine Spritztour auf dem Moped machen. Zusammen abhängen, ohne groß über »die Sache« zu reden. Trotzdem zu fragen, wie es geht.[19]

Zwei meiner Freunde waren präsent, ohne etwas von mir zu erwarten. Sie waren ein Paar, und bei Wochenendbesuchen in meiner Heimatstadt nahmen sie mich bei sich auf, sodass es mir erspart blieb, im Haus meiner Eltern zu übernachten. Sie unternahmen Dinge mit mir, ohne sich zu offensichtlich zu kümmern, boten mir Gespräche an, ohne aufdringlich zu sein. Ich fühlte mich gesehen und verstanden. Die beiden waren älter als ich, lebten anders, als ich leben wollte, hatten andere Träume, andere Werte – und trotzdem waren sie für mich da. Boten mir einen Platz in ihrem Leben an. Vor dieser liebevollen Freundlichkeit ziehe ich den Hut, sie war das Beste, was mir passieren konnte. Die zwei haben es sogar geschafft, mich zu ihrer Trauzeugin zu machen! Womöglich die schlechteste, die sie sich aussuchen konnten, ich habe mir nicht einmal ihren Hochzeitstag gemerkt. Aber ich denke oft an sie und bin ihnen für den Halt, den sie mir in dieser Zeit gaben, wahnsinnig dankbar.

Mit meinem damaligen Freund hatte ich nicht ganz so viel Glück. Als ich die Nachricht vom Tod meines Vaters bekam, saßen wir gerade in seiner Wohnung und schauten einen Film. Wir waren seit drei Jahren ein Paar, erste Liebe, viel Drama. Er fuhr mich die 50 Kilometer in die kleine Stadt. Ich erinnere mich daran, dass er raste und ich weinte. Vor meinem Elternhaus ließ er mich aussteigen – und fuhr weg. Vielleicht haben wir noch telefoniert, ich weiß es nicht mehr so genau. Aber dann war es aus. Er ist einfach nicht mehr aufgetaucht und kam auch nicht zur Beerdigung. Jahre später hat er sich bei mir entschuldigt und erzählt, wie überfordert er von der ganzen Situation gewesen war. Dass er einfach nur noch wegwollte. Schweigen und Rückzug sind nachvollziehbare Reaktionen auf Überforderung, aber für eine Person, die gerade einen schlimmen Verlust erlitten hat, ist das schlicht die Hölle.

In meinem Abiturjahrgang gab es einen Jungen, der meinen Vater kannte, weil er während eines Ferienjobs mit ihm zusammengearbeitet hatte. Auf einer Party kam er auf mich zu, schaute mir in die Augen und sagte leise, dass er meinen Vater gemocht habe und dass ihm leidtue, was passiert war. Einfach so. Ich brachte nur ein »Danke« hervor und schaute auf meine Füße. Dann ging er wieder weg. Ich war davon so tief berührt und zugleich so beschämt, dass es mich beinahe zerrissen hätte.

Kummerknoten

Wie kann man eine Person trösten, die ihrer eigenen Trauer ausweicht? Noch immer finde ich das nicht leicht zu beantworten. Damals fürchtete ich mich maßlos davor, mich in den Schmerz fallen zu lassen. Wer schon einmal eine Katze in eine mit Wasser gefüllte Badewanne setzen wollte, kann sich ungefähr vorstellen, wie stark hier meine Reflexe waren: Die Katze streckt alle vier Beine von sich und fährt die Krallen aus, um sich am Wannenrand festzuhalten. Egal, ob man sie quer oder längs dreht, sie bleibt immer oben.

Der Badewannenrand, an dem ich mich festklammerte,

waren meine Ausbildung, meine Freunde, Partys. Ich machte, nachdem mein Vater beerdigt worden war, einfach weiter wie zuvor. Heute weiß ich, dass das eine für Teenager typische Art ist zu trauern. Sie stellen die eigene Trauer häufig hinter der ihrer Bezugspersonen zurück, wollen in Schule oder Ausbildung weiter funktionieren, um nicht noch ein stabilisierendes System zu verlieren. Sie gehen auf Partys, um keine Außenseiter zu sein, um sich abzulenken und Kraft zu sammeln. Man sieht ihnen ihre Trauer nicht sofort an. Caro hat davon erzählt, wie sehr sie ihre eigene Trauer hinterfragt hat. Auch ich wusste nicht, ob ich das »richtig« machte und wunderte mich, warum meine äußere Wirklichkeit von meiner inneren so weit entfernt war. Aber ich brauchte dieses Weitermachen, das Festhalten an Strukturen und Abläufen, das Einhalten von Routinen. Ich hielt damit die Trauer im Zaum. Aber Trauer lässt sich nicht so einfach bändigen. Zuweilen ist sie hinterlistig und verteilt unerwartete Kummerknoten. Gelegentlich krampfte sich mein Magen zusammen, mein ganzer Körper stülpte sich nach innen, ich musste laut ausatmen und meistens auch weinen. Dann wusste ich: Es ist ein Kummerknotenanfall. Sie überfielen mich unwillkürlich, oft auf dem Fahrrad, beim Spazieren oder im Bett. Wenn ich mir vorstellte, länger als ein paar Momente in dieser dunklen Suppe aus Verzweiflung, Hoffnungslosigkeit und intensivem Schmerz hocken zu müssen, hätte ich durchdrehen können.

Bis auf diese kurzen Episoden war mein Verhalten nach dem Verlust aber recht unverändert. Das entsprach offenbar nicht immer den Erwartungen. Es ist vorgekommen, dass mich Leute fragten: »Trauerst du überhaupt?« Dann musste ich kurz durchatmen. Ich bin selten aggressiv, aber in solchen Momenten hatte ich Gewaltfantasien. Die Frage selbst war wie ein Schlag ins Gesicht. Tatsächlich war sie keine Frage, sondern eine Unterstellung, die sagte: »Du machst das nicht richtig, du hast ihn wohl nicht (genug) geliebt.«

Irgendwann begann ich, allein zu verreisen. Zuerst nur in den Ferien. Ich trampte durch Irland und Schottland, in meinem Rucksack lag immer eine Packung Spaghetti und ein Glas Pesto, damit ich mir in den Hostels, in denen ich abstieg, ein Abendessen bereiten konnte. Ich traf auf andere Menschen, trank mit ihnen, erlebte viel Gutes und manches weniger Gute. Auf diesen Reisen konnte ich über das sprechen, was mir passiert war. Auf Englisch. Es war eine Offenbarung für mich, in einer Sprache, die nicht meine Muttersprache ist, über Gefühle und krasse Erfahrungen zu sprechen: Es fiel mir leichter. Indem ich sie auf Englisch aussprach, verlagerten sich die schlimmen Dinge nach außen. Dort konnte ich sie betrachten, ohne ihnen ausgeliefert zu sein. Selbstverständlich ginge das auch in der Muttersprache, aber ich brauchte offenbar diesen Umweg. Noch heute rufe ich bei großen Kummerknoten zuerst meine englischsprachigen Freund:innen an.

Gebrauchsanleitung

Ich habe sehr lange gebraucht, meine Trauer zu verstehen. Um zu begreifen, was sie mit mir macht, musste ich sie erst mal finden. Bei unserem nächsten Treffen, dem Tod meines Bruders 18 Jahre später, erkannte ich sie sofort. »Gestern hab ich erfahren, dass mein Bruder gestorben ist. Suizid. Kannst du es bitte allen sagen?« Diese Nachricht schickte ich an zwei oder drei Kolleginnen, die mir nahestanden.

Ich wollte nicht, dass mich bei meiner Rückkehr an den Arbeitsplatz jemand fragte, ob der Urlaub schön gewesen sei oder ob es mir besser gehe. Ich wusste sehr genau, dass ich mit meinen Kolleg:innen weder über den Tod meines Bruders noch über meine Trauer sprechen wollte. Wirklich nicht. Und ich wollte Momente vermeiden, in denen alle lachten und ich mühselig die Mundwinkel nach oben zog. Ich wollte, dass alle Bescheid wussten, dass und warum es mir schlecht geht. Und dann wollte ich in Ruhe gelassen werden.

Ich wollte Arbeitsdinge erledigen und mich ablenken, denn das war der Grund, warum ich es überhaupt schaffte, dort zu sein. Ein paar mir nahestehende Kolleginnen zu Multiplikatorinnen zu machen war das bisher Konstruktivste, was ich in Sachen Trauerarbeit für mich selbst geleistet habe – und darauf bin ich immer noch ein bisschen stolz. Ich hätte eine Gebrauchsanleitung für mein trauerndes Ich schreiben und an meine engsten Freunde verteilen sollen. Darauf hätte ich genaue Anweisungen geschrieben: *Wenn ihr mich besucht, macht bitte eine Angabe, welchen Zeitrahmen ihr dafür vorgesehen habt. Bitte fragt mich, ob ich darüber reden will. Labert mich nicht unaufgefordert mit Zeug zu, das mit meiner Situation nichts zu tun hat. Dinge, bei denen ihr mich gut unterstützen könnt: Ausflüge mit den Kindern unternehmen, Essen vorbeibringen. Fragt mich bitte, ob ich in die Kneipe/auf eine Feier/ins Kino mitkommen will oder nicht.*

Vielleicht wären uns allen damit viele peinliche und schmerzhafte Ausweichmanöver erspart geblieben. Ein sehr guter Freund besuchte mich wenige Tage, nachdem ich vom

Tod meines Bruders erfahren hatte, und erzählte mir atemlos von seinem Urlaub. Ich saß da und hörte ihn sprechen, aber ich konnte nicht verstehen, was er da erzählte und warum. Ich kam mir vor, als säßen wir inmitten von Trümmern nach der Apokalypse, und er würde mir einen Vortrag über den Stammbaum der Corgis der Queen halten.

Einfach nur zu reden, damit es nicht still ist, hilft nicht. Das ist für beide unangenehm und anstrengend. Trauernden fällt es ohnehin schwer, sich zu konzentrieren. Ihre Gedanken kreisen um die Katastrophe. Dinge zu hören, die dafür irrelevant sind, überfordert sie und vertieft die gefühlte Schlucht zur Welt zusätzlich.

Auf der Gebrauchsanleitung für Menschen, die nicht zu meinem engen Bezugskreis gehören, stünde ganz fett an erster Stelle: *Sprich mich bitte nicht unvorbereitet auf meine Toten an. Insbesondere nicht auf die Umstände ihres Todes!* Vor ein paar Jahren saß ich nach einer Lesung in der Kneipe beim Bier und unterhielt mich mit Freund:innen und Kolleg:innen. Wir sprachen über den Tod und auch ein bisschen über Trauer, die Stimmung war gelöst, und es wurde viel gelacht. Eine Bekannte, die ich schon ein paar Mal in Begleitung einer gemeinsamen Freundin getroffen hatte, beugte sich mitten im Gespräch zu mir und fragte mich so, dass nur ich es hören konnte: »Sag mal, Susann, wie hat sich eigentlich dein Bruder das Leben genommen?« Diese unverblümte Frage versetzte mich in einen Schockzustand. Mein Herz pochte wie wild, und ich war innerlich plötzlich ganz weit weg. Ich antwortete ihr wie ferngesteuert: »Er hat sich an der Türklinke aufgehängt. Mit einem Gurt aus dem Baumarkt.« Danach war der Abend für mich gelaufen.

Menschen, die traumatische Verluste wie beispielsweise den Suizid einer nahen Person erlitten haben, können durch unsensibles Nachfragen retraumatisiert werden. Was mit mir passierte – Herzrasen und Dissoziieren – sind zwei deutliche Anzeichen dafür. Und mal ehrlich: Was ist die Absicht hinter solchen Fragen? Fürsorge und Mitgefühl? Wohl eher Neugier oder, weniger nett ausgedrückt, Sensationslust. Vielleicht bin ich in dieser Hinsicht besonders sensibel, und anderen Menschen mit Verlusterfahrung machen derartige Fragen nichts aus. Trotzdem tut man sicher gut daran, ein solches Gespräch rücksichtsvoller zu führen als meine Kneipenbekanntschaft. Dazu gehören auch das Setting und die gegenseitige Vertrautheit. Ganz generell halte ich es für angemessener, auf der Gefühlsebene des Gegenübers zu bleiben und nicht nach den konkreten Fakten der Todesumstände zu forschen. Fragen wie »Denkst du noch oft an den Tag?« oder »Wie ging es dir damals?« wären ok. Wenn die trauernde Person dann von selbst anfängt zu erzählen, ist es gut, dann kann man sich im Zuhören üben. Und im Mit-Aushalten. Heute würde ich der Bekannten einfach sagen: »Sorry, aber darüber möchte ich jetzt wirklich nicht sprechen.« Und das wäre die höfliche Variante.

Ein weiterer Punkt auf meiner Gebrauchsanleitung für Freund:innen und Angehörige ist: *Biete konkrete Hilfe an.* Und damit meine ich nicht »Melde dich, wenn du etwas brauchst« oder »Sag mir, was du brauchst«. Das funktioniert so nicht. Wer in einer akuten Krise steckt, meldet sich nicht, um Bedürfnisse zu kommunizieren. Zu wissen, was man gerade braucht, erfordert emotionale Arbeit, die Trauernde oft gar nicht leisten können. Lieber Unterstützung anbieten, zu der einfach ja oder nein gesagt werden kann: »Ist es ok, wenn ich dir morgen was zu essen vorbeibringe?« oder »Willst du mit mir spazieren gehen?« Trauernde, die andere versorgen müssen, brauchen Hilfe bei der Bewältigung ihres Alltags, um Raum für ihre Trauer zu bekommen. Dies gilt übrigens für alle möglichen Lebensphasen, in denen Menschen ihren Gefühlen Platz geben müssen, weil sie auf einschneidende Ereignisse reagieren, egal ob Geburten, Liebeskummer oder Jobverlust. Wichtig ist, ablehnende Antworten zu akzeptieren, sie nicht persönlich zu nehmen und ein anderes Mal wieder zu fragen! Menschen in emotionalen Ausnahmezuständen sind nicht immer in der Lage, taktvoll abzulehnen, und es ist gerade auch nicht ihr Job, Rücksicht zu nehmen. Diese unverstellte Art der Kommunikation ist vielleicht anfangs

ungewohnt und kommt uns grob vor, aber sie birgt auch das Potenzial für große Nähe. Weil man einander ungefiltert zu sehen bekommt.

Wem das alles zu viel ist: Umarmungen per Nachricht sind okay. Eine sehr gute Freundin steckte mir damals einen Restaurantgutschein vom Tapas-Laden um die Ecke mit einer Karte in den Briefkasten – das fand ich richtig gut. Darauf hatte sie geschrieben: »Essen muss man immer.«

Wenn man partout nicht weiß, was man sagen oder tun kann, hilft es, genau das auszudrücken. Die eigene Unbeholfenheit zuzulassen. Keine Lösung parat zu haben, einfach für eine bestimmte Zeit da zu sein – und die Scheiße gemeinsam auszuhalten.

Buch: Isabel Bogdan, *Laufen*
Song: Hole, *Live through this*
Serie: *One Mississippi*

4 Kopfkino

Über das Begreifen

Wir haben nichts zu verlieren
außer unserer Angst.

TON STEINE SCHERBEN, DER TRAUM IST AUS

Einige Monate nach Stefans Tod schaltete ich bei einer herbstlichen Autofahrt das Radio ein. Ein junger Bestatter, ein Quereinsteiger in der Branche, gab ein Interview. Er sprach von einer alternativen Bestatter:innenszene, die transparent arbeitet und die Bedürfnisse der Hinterbliebenen in den Mittelpunkt ihrer Arbeit stellt. Ich horchte auf. Die letzten Monate hatte ich mit dem Versuch verbracht, irgendwie mit diesem Verlust leben zu lernen, der mich so aus der Bahn geworfen hatte – und trotzdem war da das Gefühl, dass ich es immer noch nicht begriffen hatte. Meine Trauer hatte mittlerweile viele Zettel: *Beim Zwiebelschneiden in der Küche. Ich halte inne, mitten in der Bewegung, weil ein Satz auf mich zugeflogen kommt:* Stefan ist tot. *Ein Satz, mit dem ich seit Monaten einschlafe und aufwache, ein ungeheuerlicher Satz, der einfach keinen Widerhall findet, ein Satz, grotesk, so neu, als hörte ich ihn zum ersten Mal, und immer wieder will ich lachen, für einen Sekundenbruchteil lachen, während er an mir wie an einer Glasscheibe abprallt.*

Wie hätte ich Stefans Tod auch begreifen sollen? Wie kann es sein, dass ein Mensch, mit dem ich gesprochen, geweint und gelacht habe, der mir körperlich nah war, jetzt in dieser *Kiste* liegen, dass seine Asche in diesem *Gefäß* sein soll? Was soll das überhaupt sein: *seine Asche*? Das letzte Mal, als ich Stefan sah, hatten wir uns in einem Café getroffen. Er saß mir gegenüber und aß Rührei mit Toast. Zwei Monate später stand ich in einer Kapelle vor seinem Foto und einer Urne. Dazwischen lag eine völlig unbegreifliche Black Box.

Es geht auch anders

»Tun Sie sich das nicht an. Behalten Sie ihn so in Erinnerung, wie er war«, lautete die Antwort der Bestatterin auf unsere Frage, ob wir Stefans Körper noch einmal sehen könnten. Solche Sätze werden tausendfach ausgesprochen von Bestatter:innen, Seelsorger:innen, wohlmeinenden Mitmenschen und, bei gewaltsamen Todesfällen, auch von der Polizei – selbst dann, wenn diese Personen den toten Körper selbst nicht gesehen haben. Einfach so, Standardrepertoire. Diese Sätze sollten, das denke ich heute, bitte einfach aus dem Wortschatz gestrichen werden. Denn sie lösen erst recht eine Flut von Bildern aus. Unweigerlich. Mein Kopf begann sofort, die Leerstellen mit eigenen Vorstellungen zu füllen. Ich malte mir aus, wie er jetzt aussah, worin er transportiert, wohin er gebracht worden war, wie er dort lag und was gerade mit ihm passierte. Ein Horrorfilm, über den ich keine Kontrolle hatte, der wieder und wieder ablief und immer neue Bilder produzierte. Ich recherchierte im Internet. Ich wollte wissen, wie sein Körper aussah, wie er roch, welche Maschinerie sich nach seinem Tod in Gang gesetzt und wer ihn angefasst hatte. Die Antworten waren diffus, die Ungewissheiten blieben.

Ich fuhr mehrere Male quer durch die Stadt bis zu dem für die Beisetzung zuständigen Bestattungsinstitut in Zehlendorf, nur um hilflos von der anderen Straßenseite aus auf die Fassade zu starren. Irgendwann rief mich Stefans Bruder an: Die Bestatterin hatte die Familie wissen lassen, dass »der Leichnam« am Tag zuvor kremiert worden war, und fragte nach, was denn nun mit der Urne passieren sollte. Für mich war das ein Schock. Es fühlte sich an, als hätte ich die Nachricht seines Todes gerade ein zweites Mal erhalten. Ich konnte nicht glauben, dass sein Körper verbrannt worden war, während ich mir die Zähne geputzt oder ein Brot geschmiert hatte, einfach so, ohne dass irgend jemand Bescheid wusste. Tausend Dinge gingen mir durch den Kopf. Vor allem fragte ich mich: Macht man das so? Ist das in Ordnung, obwohl es sich so falsch anfühlt? Als ich die Stimme im Autoradio hörte, bekam ich eine erste Antwort. Wenn es nach diesem Bestatter ging, dann machte man das nicht so. Und es war auch nicht in Ordnung.

Wieder begann ich zu recherchieren. Und stieß auf die Webseite des Berliner Bestatters Uller Gscheidel. Dort las ich von Abschiednahmen, vom gemeinsamen Waschen und Ankleiden der Verstorbenen, vom Gestalten des Sargs und von begleiteter Kremation.* Ich staunte. Es schien also tatsächlich auch ganz anders zu gehen! In den nächsten Stunden las ich alles, was ich zu diesem Thema finden konnte. Ich erfuhr, dass eine neue Generation von Bestatter:innen sich vor ungefähr zwanzig Jahren aufgemacht hatte, um den Umgang mit dem Tod zu verändern und zeitgemäße Rituale zu finden, die den Trauerprozess positiv befördern. Diese Bestatter:innen wollen den Tod ins Leben integrieren und aus der gesellschaftlichen Tabuzone herausholen. Sie ermutigen die Zugehörigen, die Zeit zwischen dem Tod und der Beerdigung einer Person zu nutzen, um herauszufinden, was ihnen beim Abschiednehmen hilft. Das wollte ich unbedingt mit eigenen Augen sehen!

Schon bald hatte ich ein erstes Treffen mit Uller verabredet. Wir saßen bei einer seiner Kolleginnen zusammen. »Ich selbst habe keine eigenen Räumlichkeiten, oft gehe ich für Erstgespräche zu den Familien nach Hause«, erzählte er mir und fügte lächelnd hinzu: »Ich arbeite wie eine Hebamme, nur andersrum.« Er trug schwarze Hosen, ein weißes Hemd mit Jeansweste und strahlte Sicherheit und Bodenständigkeit aus. Ganz in Schwarz habe ich ihn bis heute nicht gesehen. Als ich ihm von meinen Erfahrungen berichtete, schüttelte er nachdenklich den Kopf. Und dann sprach er all das aus, was ich so lange mit mir herumgetragen, aber nicht hatte in Worte fassen können. Er erklärte, dass es uns unmöglich ist anzuerkennen, dass ein Mensch tot ist, wenn man diese Tat-

* Allen, die sich über Bestattungen und die damit verbundenen Fragen und Entscheidungen informieren möchten, lege ich die liebevoll aufbereitete Webseite von Charon Bestattungen, dem Unternehmen von Uller Gscheidel, ans Herz: www.charon.de

sache nur als abstrakte Information zur Verfügung hat. Wie wichtig es für den Trauerprozess sein kann, den toten Körper noch einmal zu sehen. Mit den eigenen Sinnen zu spüren, dass die Person wirklich gestorben ist und nie wieder so sein wird, wie man sie im Leben kannte. Und welchen Schaden es anrichten kann, die Hinterbliebenen davon abzuhalten, sich zu verabschieden.

Kein Abschied gleicht dem anderen

Wir kamen schnell überein, dass ich ihn in den nächsten Monaten bei seiner Arbeit begleiten würde. Was ich in dieser Zeit lernte, war lebensverändernd. Ich war bei Erstgesprächen dabei, assistierte beim Waschen und Ankleiden von Verstorbenen, bei Abschiednahmen und Trauerfeiern. Ich lernte, dass die Tage und Wochen zwischen Tod und Bestattung nicht nur schwer sind, sondern auch wertvoll. Dass es nicht darauf ankommt, unsere Toten möglichst schnell unter die Erde zu bringen, sondern darauf, sich Zeit zu nehmen für einen Abschied, der sich richtig anfühlt. Wie hilfreich es ist, einen sicheren Raum für all die schwerwiegenden und unumkehrbaren Entscheidungen zu schaffen, die getroffen werden müssen. Dass es wichtige und weniger wichtige Entscheidungen gibt. Kataloge mit Särgen oder Urnen holte Uller nur dann hervor, wenn spezielle Wünsche geäußert wurden. Ansonsten bot er einen schönen hellen Kiefernsarg und eine schlichte Urne an, womit er den Hinterbliebenen, wenn sie das wollten, viele der weniger wichtigen Entscheidungen abnahm. Sein Hauptaugenmerk lag darauf, gemeinsam mit den Familien und nahen Freund:innen einen Prozess des Verabschiedens zu entwickeln, mit dem alle Beteiligten auch rückblickend einverstanden sein konnten. »Trittsteine in einem unbekannten Gewässer« nannte Uller all die kleinen und großen Rituale, Handlungen und Gesten, die den Zugehörigen* Halt geben und sie durch diese Zeit führen: das Aussuchen der Kleider für die verstorbene Person, der Abschied vom Körper, die Gestaltung der Trauerfeier, letzte Briefe. Zu meinem Erstaunen durchliefen die Trauernden eine beeindruckende Wandlung, wenn sie Zeit hatten, über ihre Bedürfnisse nachzudenken und sie zu artikulieren. Ich musste neulich sehr lachen, als der Bestatter Julian Heigel von Thanatos Bestattung in Berlin twitterte: »Zugehörige am dritten Tag nach dem Tod: Wir wollen nichts machen, einfach nur ganz schnell beerdigen. Zugehörige in der dritten Woche: Wir haben eine Fotogirlande und einen Erinnerungsbaum gebastelt, und die Urne gestalten wir auch noch, und ach ja: Es gibt fünf Redebeiträge auf der Feier.«[20] Genau das habe ich bei meinem Praktikum bei Uller auch immer wieder erlebt. Viele Zugehörige wünschten sich beispielsweise, die Trauerrede selbst zu halten, trauten es sich aber nicht zu. Wie oft habe ich den Satz »Das schaffe ich nicht« von Trauernden gehört – nur um dann zu erleben, wie sie mit ein bisschen Ermutigung genau das und noch viel mehr schafften. Die Psychologie nennt diesen Effekt Selbstwirk-

* Mit dem Begriff Zugehörige werden meist nicht verwandte Menschen bezeichnet, die der verstorbenen Person nahestehen. Der Begriff scheint seinen Ursprung in der Deutschen AIDS-Hilfe zu haben und möchte der gesellschaftlichen Entwicklung Rechnung tragen, in der zunehmend nicht-familiäre Lebensentwürfe eine Rolle spielen. Wir benutzen ihn, um Angehörige sowie Wahlfamilien und enge Freund:innen zu bezeichnen.

samkeit. Sie ist sehr hilfreich, denn sie stärkt unsere Resilienz, also unsere psychische Kraft, Situationen, die wir als schwierig empfinden, möglichst gut in unser Leben zu integrieren. Selbstwirksamkeit und Resilienz können wir gut brauchen, wenn es um Trauer geht.

Der individuellen Gestaltung des Abschiednehmens sind fast keine Grenzen gesetzt. Es gibt kein starres Protokoll, das eingehalten werden muss, keine alles dominierenden Regeln. Bereits in den ersten beiden Monaten meines Praktikums erlebte ich in dieser Hinsicht mehr, als ich mir jemals hätte vorstellen können. Da gab es die Radfahrerfamilie, die die Urne ihres Sohnes im Lastenfahrrad zum Friedhof fuhr und dabei von einem Radkorso junger Leute flankiert wurde. Die Töchter, die eine letzte kleine Abschiedsfeier im Krematorium organisierten, den Sarg ihres Vaters gemeinsam schlossen, ihn mit seinen Krawatten schmückten und ihn bis zum letzten Augenblick, als er in den Ofen einfuhr, begleiteten. Gitarren, Lieblingskekse und Laufschuhe als Sargbeigaben, bunt bemalte Urnen und Eierlikör am Grab. Besonders gut gefiel mir, dass Uller die Angehörigen stets ermutigte, den Freundeskreis der verstorbenen Person in ihre Überlegungen miteinzubeziehen. Für mich waren die schönsten Trauerfeiern die, die von Familien und Freund:innen gemeinsam gestaltet wurden. Bei diesen Feiern hielt nicht eine Person eine Rede, sondern es wurden viele kleine Geschichten und Erinnerungen erzählt, beigesteuert von unterschiedlichen Menschen aus dem Umfeld der Person, die verabschiedet wurde. Übrigens waren es meistens diese Feiern, bei denen geweint *und* gelacht wurde.

Zwischen unterschiedlichen Menschen und Bedürfnissen zu vermitteln ist eine der wichtigen Aufgaben von

Bestatter:innen. Akut Trauernde haben oft einen ziemlichen Tunnelblick. Der eigene Schmerz ist so groß, dass daneben nichts mehr Platz hat. Auch nicht die Trauer der Anderen. Gerade heute, wo Freundschaften und Wahlfamilien im Leben vieler Menschen sehr wichtig sind, im Regelfall jedoch die Herkunftsfamilie für die Bestattung verantwortlich ist, kann das zu einem großen Problem werden. Immer wieder passiert es, dass Angehörige sich eine Trauerfeier im engsten Familienkreis wünschen und keine Vorstellung davon haben, was es für den Freundeskreis bedeutet, bei der Beerdigung nicht dabei sein zu dürfen. Ich würde das immer zu bedenken geben, wenn ein solcher Plan im Raum steht. Vielleicht ändert die Familie dann noch einmal ihre Meinung – und wenn nicht, trifft sie zumindest eine bewusste Entscheidung.

Bilder und Bilder

Nie vergessen werde ich meine erste Abschiednahme, die ich zusammen mit Uller begleitete. Sie fand in Berlin-Rixdorf beim Fuhrunternehmen Schöne statt. Auf dem kopfsteingepflasterten Hof standen fünf Autos, vier schwarze und ein cremeweißes, alle mit verdunkelten Fenstern. Auf dem langgezogenen Backsteinbau prangte die Jahreszahl 1894. Dort, wo ehemals die Ställe untergebracht waren, befinden sich heute hochmoderne Kühlungen. Der Raum für Abschiednahmen liegt in einer kleinen Remise, um die sich Kletterrosen ranken. Es ist ein schöner, historisch anmutender Ort, an dem ich hinter den Flügeltüren aus Holz keine toten Körper vermutet hätte.

Bevor die Angehörigen eintrafen, bereiteten wir den Raum vor. Ich stellte Kerzen auf, Uller zündete ein kleines Räucherbündel mit weißem Salbei an. Innerhalb kürzester Zeit war der leicht süßliche Geruch, der mir in den nächsten Monaten so vertraut werden sollte, verschwunden. Im offenen Sarg lag eine junge Frau, die bei einem Unfall ums Leben gekommen war. Ihre Mutter und ihre Schwester hatten sie noch einmal sehen wollen, doch die Polizei und der Bestatter hatten ihnen abgeraten – mit jenem Satz, den auch ich kannte. Eine Freundin der Familie hatte vorgeschlagen, eine zweite Meinung einzuholen. »In so einem Moment«, sagte Uller, »sehe ich mich als Zeuge, der dem Antlitz der Toten stellvertretend gegenübertritt. Anschließend schildere ich den Hinterbliebenen meine Eindrücke und überlasse ihnen die Entscheidung, ob sie den toten Körper noch einmal sehen wollen. Abschiednahmen sind immer möglich, auch nach Unfällen und Suiziden.« Denn bei einem stark verletzten Körper können Wunden versorgt und verbunden, versehrte Körperteile abgedeckt werden. Notfalls reicht es, nur die Hand der verstorbenen Person zu sehen und berühren zu können, während der restliche Körper verdeckt ist. Meine Erfahrung ist, dass es gerade bei überraschenden und gewaltsamen Todesarten wichtig sein kann, sich zu verabschieden. Wir verfügen über ein großes Repertoire an Horrorbildern, die wir sofort abrufen können, wenn es um bestimmte Todesarten geht. Meistens ist die Realität nicht halb so schlimm wie diese quälenden Bilder.

Das bestätigt auch die Forschung. Birgit Wagner etwa verweist auf die Erkenntnisse einer Studie, die Menschen begleitete, deren Angehörige Opfer eines Schiffsunglücks geworden waren. In einer ersten Untersuchung, die drei bis zwölf Monate nach dem Unfall stattfand, zeigten die Teilnehmenden, die ihre verstorbenen Menschen noch einmal gesehen hatten, höhere Werte in Bezug auf Stress und Angst. Zweieinhalb Jahre später jedoch ergab sich ein anderes Bild: »Die Gruppe, welche die Toten noch einmal gesehen hatte, zeigte keine signifikanten Unterschiede mehr in den psychologischen Variablen oder der Trauerreaktionen. Allerdings zeigten diejenigen, welche den Leichnam noch einmal sahen, weniger Intrusionen* von dem Schiffsunglück als diejenigen, welche den Leichnam nicht mehr sahen.«[21] Die Abschiednahme von gewaltsam Verstorbenen ist also psychisch zunächst belastender, langfristig entfaltet sie aber stabilisierende Kraft. Studien belegen außerdem, dass Angehörige, die ihre Toten nicht noch einmal gesehen haben, es später häufig bereuen. Die, die sich für eine Abschiednahme entschieden haben, bereuen es auch bei traumatischen Todesumständen mehrere Jahre später nicht.

Das eigene Tempo

Bevor wir in Rixdorf mit den beiden Frauen den Raum betraten, erklärte Uller ihnen genau, was sie hinter der Tür erwartete. Er beschrieb auch den körperlichen Zustand der Toten. Die gebrochene Nase und das Hämatom über dem linken Auge. Das eingefallene Gesicht. Die Naht, die am Hals noch ein wenig zu sehen war – sie war durch die Autopsie ent-

* Intrusionen sind immer wiederkehrende, quälende Bilder wie beispielsweise Flashbacks oder Albträume, die durch einen Schlüsselreiz ausgelöst werden.

standen, die nach dem Unfall stattgefunden hatte. »Sie sieht wahrscheinlich anders aus als vorher, und das ist erst einmal beängstigend«, sagte er. »Aber sobald man sich an den Anblick gewöhnt hat, sieht sie eigentlich ganz friedlich aus.« In diesem Moment fiel mir auf, wie liebevoll er über die Tote sprach. Er sagte nicht »der Leichnam« oder »die Verstorbene«, er nannte sie bei ihrem Namen. Da war nichts Erschreckendes in seinen Worten. Die sachliche Art, wie er über die körperlichen Prozesse sprach, die der Tod mit sich brachte, hatte eine beruhigende und tröstliche Wirkung auf mich und anscheinend auch auf die beiden Frauen. Er nickte ihnen aufmunternd zu. Sie hielten sich an den Händen, während sie den Raum betraten. Wir hatten Stühle aufgestellt, zwei neben den Sarg und zwei weitere an das andere Ende des Raumes. Uller hatte mir erklärt, wie wichtig es ihm war, dass die Zugehörigen sich in ihrem eigenen Tempo verabschieden konnten. »Manche gehen direkt zum Sarg und fassen ihre Toten an oder küssen sie«, sagte er. »Manche brauchen Zeit, um sich zu nähern. Oft ist es ein Wechselspiel zwischen einem Sich-Einlassen auf die eigene Trauer, die eigenen Gefühle, und sich distanzieren; aus dem Raum rausgehen und wieder reinkommen.«

Den Anblick der Toten bei einer Abschiednahme nennt Uller »Das letzte Gesicht«. Eine Freundin erzählte mir neulich, dass sie es schrecklich fand, ihre Mutter noch einmal zu sehen, weil sie »so tot aussah, gar nicht mehr wie sie selbst«. Das ist eine verständliche Reaktion. Ich glaube dennoch, dass es ein weit verbreiteter Irrtum ist, davon auszugehen, dass die Toten möglichst vertraut aussehen sollen, fast so, als schliefen sie. Häufig erzählt das letzte Gesicht eine andere Geschichte.

Denn unsere toten Menschen sind nicht mehr sie selbst, und trotzdem gehört ihr Tod zu ihnen wie ihr Leben. Wenn wir es schaffen, uns dieser schmerzhaften Tatsache zu stellen, öffnen wir uns damit eine Möglichkeit zu begreifen. Allerdings habe ich auch gelernt, wie wichtig es ist, Zugehörige gut auf diesen Moment vorzubereiten. Sonst kann die Begegnung mit dem letzten Gesicht ziemlich schiefgehen.

Uller hatte das Verhalten der beiden Frauen sehr präzise vorhergesagt. Nach dem ersten Schrecken verwandelte sich ihre Angst langsam. Sie näherten sich dem Sarg, Schritt für Schritt, irgendwann saßen sie neben der Toten. Ich merkte, wie sehr sich Uller auf sein Gefühl verließ. Wie viel Unterstützung, wie viel Nähe brauchten die beiden gerade? Wie viel Raum? Waren sie unsicher? Hatten sie unausgesprochene Fragen, die beantwortet werden wollten? Irgendwann war von der ersten Anspannung nicht mehr viel zu spüren, die junge Frau hielt die Hand ihrer Mutter und streichelte gleichzeitig die Hand ihrer toten Schwester. Ab und zu trat eine der beiden vor die Tür. Die Frauen weinten und redeten, miteinander und mit der Verstorbenen. Sie wirkten traurig und verzweifelt, aber auch gelöst. Nach einer halben Stunde gab Uller mir ein Zeichen, wir gingen auf den Hof und zogen leise die Tür hinter uns zu. Anderthalb Stunden später würde die Mutter ihm die Hand drücken und ihm dabei fest in die Augen schauen: »Ich danke Ihnen, dass Sie uns das ermöglicht haben. Ich weiß nicht, wie ich es sonst jemals hätte begreifen sollen.«

Heute weiß ich, dass alles, was Uller bei dieser Abschiednahme tat – die Wahl der schönen Räumlichkeiten, die Platzierung der Stühle, der Duft, die Blumen, seine Worte, Gesten und Erklärungen –, einer sorgfältig ausgearbeiteten Choreografie folgte, die sich aus jahrelanger Erfahrung mit Trauernden speiste. Seine behutsame Art zu arbeiten ist mir so vertraut geworden, dass mir das, was ich nach Stefans Tod erlebte, grob vorkommt, und seltsam irreal. Zugleich ist mir klar, dass diese Dinge passieren. Jeden Tag. Und dass Trauernde meist nicht die Kraft haben, sich gegen den Rat eines Profis zu wenden, selbst wenn sie spüren, dass sie etwas anderes brauchen.

Gerade deshalb ist es mir wichtig, diese Geschichte zu erzählen. Zu zeigen, wie gute Bestatter:innen arbeiten. Gute Bestatter:innen stellen Fragen. Wer war dieser Mensch, der gestorben ist? Wer sind die, die um ihn trauern? Welche Art von Abschied fühlt sich richtig an? Die Beantwortung dieser Fragen braucht Zeit und Raum – und es ist hilfreich, wenn uns verschiedene Möglichkeiten aufgezeigt werden. Beispielsweise wissen nur wenige Menschen, dass eine Abschied-

nahme so gut wie immer möglich ist. Selbst wenn jemand im Krankenhaus oder im Pflegeheim gestorben ist, kann man den toten Körper noch einmal zu sich nach Hause holen – je nach Bundesland gelten dabei unterschiedliche Regeln, wie lange er dort bleiben darf.

Überhaupt könnten wir manchmal einfach ein bisschen mehr Neugier gebrauchen. Auf das, was passiert, wenn wir unseren Toten begegnen. Etwa wie die Autorin Maren Wurster. In unserem Podcast erzählt sie von einer »zeitlosen Zeit«, in der sie drei Tage lang Abschied von ihrem Vater nahm. In einem Zimmer unter dem Dach des Pflegeheims, in dem er verstorben war. Nachdem sie ihn gemeinsam mit der Bestatterin gewaschen und angekleidet hatte, verbrachte sie Zeit mit ihm. Sie saß an seinem Bett, redete mit ihm, weinte und sang. Sie beschreibt diese Tage als großes Geschenk: »Ich war satt von Trauer.« Die größte Überraschung aber waren für sie die Nächte, die sie in einem dazugestellten Bett verbrachte. »Dort, neben meinem toten Vater«, erzählt sie, »habe ich extrem gut geschlafen. So gut wie in keiner Nacht der vorangegangenen Wochen.«[22]

Echt jetzt? Engel?

Das Tolle an guten Bestatter:innen ist, dass es sie überall gibt. Eine unserer Podcast-Hörerinnen erzählte uns in einer Mail, wie wunderbar die Bestatterinnen in ihrer Heimatstadt im Odenwald mit dem toten Körper ihres Sohnes umgegangen seien: »Jeden Morgen erhielt ich eine Nachricht von den Bestatterinnen, dass sie nach ihm geschaut haben, dass er gut aussieht und seine Kerze brennt. Sie erzählten uns, dass sie ihn aus der Kühlung rausgefahren hätten und ihn nun während ihrer Schreibtischarbeit anschauen können.« Wie schön ist das denn bitte? Wenn ich das mit meinen eigenen Erfahrungen vergleiche, mit diesem schwarzen Loch aus Nichtwissen, könnte ich schreien vor Wut. Das berührt übrigens einen wichtigen Punkt: Wir alle haben das Recht zu wissen, wo sich unsere Toten gerade befinden und was mit ihnen passiert – und wir können auch entscheiden, bei welchen Schritten wir dabei sein wollen.

Apropos Wut. Was mich wirklich wurmt: Wir alle fragen unsere Freund:innen nach Tipps, vom Friseur übers Yogastudio bis hin zur Kita. Aber wenn es darum geht, eine Bestatter:in zu finden, ist die Suchmaschine unsere erste Anlaufstelle. Das ist falsch. Denn die Wahl der richtigen Bestatter:in ist essenziell. Es macht einen Unterschied, ob jemand ein Interesse daran hat, Trauernden selbstbestimmte Abschiede zu ermöglichen, oder ob da ein Job möglichst schnell und einfach über die Bühne gebracht werden soll. Deshalb sollten wir uns Empfehlungen holen – und das idealerweise nicht erst, wenn jemand gestorben ist. Doch sich vorsorglich schon mal Gedanken über eine Bestatter:in im Fall von Opas Tod zu machen scheint unvorstellbar. Ist es aber gar nicht. Denn Opa wird sterben. Er wird auch nicht schneller sterben, nur weil wir uns vorher gut informieren. Das Einzige, was passieren kann, ist, dass wir ein bisschen weniger kopflos und überfordert in eine Situation stolpern, die sowieso schon schwer genug ist.

Wer keine Empfehlung zur Hand hat, kann sich im ersten Schritt auch Webseiten von Bestattungsinstituten ansehen.

Sie geben oft einen ersten Hinweis darauf, wie ein Unternehmen tickt. Dabei sollten wir uns ruhig auf unser Gefühl verlassen: Wenn uns auf der Seite eines Yogastudios das Gruseln kommt, suchen wir ja auch nach einem anderen. Wenn es auf der Seite eines Bestattungsunternehmens von sprachlichen Plattitüden oder Bildern von Grablichtern, marmornen Engeln und vertrockneten Rosenblättern nur so wimmelt, brauchen wir also nicht zu denken, das müsste so sein. Denn das muss es nicht. Ich fühlte mich zum Beispiel sehr angesprochen, als ich auf die Seite von trostwerk Bestattungen in Hamburg stieß. Dort steht: »Wir konfrontieren Sie nicht ungebeten mit schwarzen Anzügen und verlangen von Ihnen keine Wahrung von Pietät und Takt.«[23] Das klingt doch schon mal vielversprechend.

Sollte sich das erste Gespräch mit der Bestatter:in nicht richtig anfühlen: einfach noch mal woanders probieren. Ich weiß, dass das nach einem Todesfall das Letzte ist, wonach uns der Sinn steht. Aber es lohnt sich. Eine gute Begleitung stellt die Weichen für den ganzen nachfolgenden Trauerprozess. Ich hatte nach Stefans Tod einen steinigen Weg vor mir, der mit einer kompetenten Bestatter:in an unserer Seite sicherlich ganz anders hätte aussehen können.

Die Black Box öffnen

Wir leben in einer Gesellschaft, in der uns der Umgang mit unseren Toten fremd geworden ist. Wir haben gelernt, sie möglichst schnell in professionelle Hände zu geben und dann in eine andere Richtung zu schauen. Doch diese absurde

Black Box, die wir um ihre toten Körper gebaut haben, hilft uns nicht weiter. Wir haben sie gebaut, weil wir Angst haben. Angst vor dem, was gewichen ist. Der Geruch eines geliebten Menschen, die Wärme seines Körpers, seine Stimme. Angst vor dem Fremden, der Kälte, der Stille. Angst vor der Endlichkeit. Ich habe diese Angst auch. Jede:r hat sie. Aber nur, weil uns etwas Angst macht, heißt das nicht, dass wir uns nicht damit beschäftigen sollten.

Eine der vier Aufgaben innerhalb eines Trauerprozesses nach dem Modell des amerikanischen Trauerforschers J. William Worden lautet: »Den Verlust als Realität zu akzeptieren«.[24] Ich glaube, dass mir genau das besonders schwerfiel, indem mir der Abschied von Stefans Körper verwehrt wurde. Ich konnte nicht begreifen, dass er tot war. Gute Bestatter:innen arbeiten daran, uns die Rituale, die früher selbstverständlich zum Tod gehörten, wieder nahezubringen – und sie um neue, zeitgemäße Varianten zu erweitern. Denn es macht einen Unterschied fürs Weiterleben, ob und wie wir die Trittsteine nach dem Tod eines nahen Menschen nehmen. Genau da hinzuschauen, wovor wir am meisten Angst haben, macht uns stark. Dafür braucht es Mut – und gute Berater:innen, die uns auf diesem Weg bestärken und begleiten.

Buch: Maren Wurster, *Papa stirbt, Mama auch*
Song: Sufjan Stevens, *The Only Thing*
Serie: *Six Feet Under*

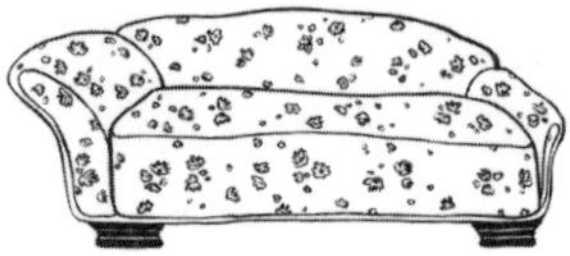

Im Gespräch mit Nora Gomringer

Ein Kind, das in seine Mutter verliebt war

Die Dichterin Nora Gomringer kennen wir aus dem Internet. Oder besser gesagt: von Instagram. Ihre Mitteilungen bestehen aus einer schönen wilden Mischung von persönlichen und beruflichen, poetischen und gesellschaftspolitischen Äußerungen. Mal postet sie den Blick aus dem Fenster auf den barocken Park der Villa Concordia, einem internationalen Künstlerhaus in Bamberg, das sie leitet. Mal kündigt sie das Erscheinen eines neuen Buches an oder weist auf einen Auftritt ihres musikalischen Duos *Peng Peng Parker* hin. Sie macht Selfies vor dem Spiegel und lässt uns ihre Outfits der Woche bestaunen, die genauso ungewöhnlich und vielseitig sind wie sie selbst: bunt, mit auffälligen Mustern, Hosenanzüge, Turnschuhe, Plisseeröcke kombiniert mit großen Gürteln, Trenchcoats, Trainingshosen, Pünktchenkleider, Hüte, verspielte Broschen und schwere goldene Halsketten. Und manchmal erzählt sie auch von der Trauer.

»Wieder ist es nicht gelungen, die Zeit zu bezwingen, im Gegenteil, sie zwingt uns«, schreibt sie einen Monat, nachdem ihr – wie sie es sagt – Herzensfreund Tim gestorben ist. Sie widmet ihm ihren Gedichtband Gottesanbieterin. Zwei tiefschwarze Seiten findet man darin, darauf in weißer Schrift die Worte: »Das Buch Tim«. Die folgenden fünf Gedichte erzählen vom Tod des Freundes, vom Erinnern, Vermissen und Begraben. Das letzte Gedicht endet mit den Versen:

Sie sagen: Das Vergessen hat die Zähne eines Haifischs.
Ich tipp dir leise: das Erinnern auch.

Wir treffen Nora zum Interview per Videocall. Sie blickt uns freundlich aus einem großen gestreiften Ohrensessel entgegen. Obwohl wir uns noch nie persönlich begegnet sind, ist die Atmosphäre sofort herzlich. Wir kommen ins Plaudern und vergessen darüber fast, unser Aufnahmegerät einzuschalten.

Es ist jetzt ein Jahr her, dass Tim gestorben ist. Wie hast du die Trauer erlebt?

Es ist natürlich so, dass jetzt, zu diesem Zeitpunkt, alles noch einmal mit einem und in einem passiert. Ich weiß vor allem, dass ich einen Tag nach der Beerdigung nicht in der Lage war, mich aufzurichten, wortwörtlich. Ich bin nach der Beerdigung nach Leipzig, zur Buchmesse zurückgefahren. Ich bin ins Hotel gegangen und habe alle angelogen, damit ich einen Tag liegen konnte. Ich habe diesen Tag ausgestreckt auf dem Rücken liegend verbracht, als hätte man mich da hingenagelt. Die Trauer war körperlich, sehr intensiv körperlich.

Und du konntest dich darauf einlassen?
Ich habe mich da komplett reingegeben. Ich habe bereits Menschen verloren und weiß, dass ich wirklich körperlich reagiere. Also gebe ich mir ganz brav den Raum und die Zeit, das habe ich gelernt. Wenn man dagegensteuert, nützt es ja nichts. Es war scheußlich, aber wahrscheinlich genau richtig, weil ich danach wieder aufstehen konnte. Im Prinzip bin ich von der Lähmung zu dem Gefühl des Wiederauferstehens gegangen. Und das musste ich möglichst schnell, wegen der Buchmesse. (*Sie macht eine kleine Pause*). Gibt es eigentlich einen günstigen Zeitpunkt zum Sterben?

Kam Tims Tod überraschend für dich?
Tim war krank, dann kam ein Lungen-Infekt und noch einer. Er lag auf der Intensivstation. Als ich ihn zum letzten Mal besuchte, sagte er: »Das kriegen wir schon hin.« Ich spüre noch heute, wie er mir hinten am Nacken die Haare hochstreichelt, als ich ihn mit seinen ganzen Schläuchen umarme. Als ich ging, dachte ich noch: Täusche dich nicht, die Menschen machen manchmal in der Nacht Kehrtwenden, und es geht weiter. Eine Woche danach ist er gestorben. Kurz vor seinem Tod saß ich im Wartezimmer der Uniklinik. Der Blick auf dieses komische Bild mit den Pflanzen und draußen das Dach vorm Haus, diese Paralyse des Moments …

In deinem Buch gibt es das Gedicht »Der Vater, sagt die Mutter«. Darin erzählst du, wie Tims Vater die Wohnung seines Sohnes ausräumt. Warst du in der Situation dabei, oder hast du dir das ausgedacht?
Das habe ich mir in der Tat ausgedacht, weil ich die Wohnung gut kannte. Als ich hörte, der Papa fährt da hin, dachte ich: Was ist das für ein schreckliches Los. Wie macht man das, in dieser kleinen Wohnung? Jeden Gang darin machst du tausendmal. Du musst Sachen hochheben, musst überlegen, wohin damit, musst jedes Ding wegsortieren. Das ist komischerweise wirkliche Trauerarbeit, du machst sie mit den Händen und den Überlegungen. Dann kommen Nachbarn vorbei. Sie sind vielleicht neugierig und sagen, wir haben den ja schon lange nicht gesehen, was ist denn? Dann musst du Auskunft geben, was mit deinem Jungen ist. Das ist eigentlich übermenschlich.

Was bedeutet Trauer für dich?
Ich habe mich oft gefragt, was so ein Verlust fürs eigene Leben bedeutet, für die Art, wie man sich selbst in der Welt verankert sieht. Ist das wie eine große Mindmap, auf der alle Menschen drauf sind, die einem etwas bedeuten, und dann gehen überall, plopp, einfach Lichter aus? Oder ein Regal, auf dem rechts und links auf einmal etwas fehlt?

Wenn jemand aus deinem Umfeld stirbt, verändert das ja auch die eigene Rolle im Leben …
Das hat sicher mit dem Gefühl zu tun, dass man meint, jede Begegnung, die man länger pflegt, ist auch eine Art Zeugenschaft. Dieser Mensch kann mich bezeugen, kann erzählen,

wer ich zu einer bestimmten Zeit war. Das erinnert mich an meinen Pfarrer, meinen Kindheitspfarrer. Der sanfteste, liebste, geduldigste Mensch, den ich je kannte. Er war für mich da, als ich mit 14 nicht wusste wohin mit mir, weil meine Eltern sich gerade trennten. Und dann hörte ich, dass dieser reizende Mensch gestorben ist – und zwar sechs Monate zuvor. Das hat mich geschockt. Und doch lebte ich ja schon ein halbes Jahr ohne ihn auf diesem Planeten, de facto hatte ich es nicht gespürt. Dieser Gedanke tröstete mich auch.

Denkst du oft an deinen eigenen Tod?
Ich versuche jeden Tag einmal zu sagen: Nora, frage dich, könntest du jetzt loslassen? Eine Art kleine Demutsübung.

Wow. Hat das Einfluss auf dein Leben? Glaubst du, dass du die Dinge dadurch mehr wertschätzen kannst?
Nein, darauf kommt es für mich ehrlich gesagt auch nicht an. Ich finde den Auftrag, möglichst intensiv im Moment zu leben, so groß, so überfordernd, dass ich ihn per se ablehne. Es geht für mich viel stiller zu, tief hinein in ein Zulassen. Dass ich nicht zufrieden bin damit, wie der Tag sich entwickelt und wie ich mich in ihm zeige. Ich versuche, diesen ganzen Empowermentscheiß zu mir hinzudrehen und zu sagen: Es ist okay, dass es nicht gut geht heute.

Das ist sehr sympathisch, so entlastend.
Es gab so einen Moment, als ich 36 war. Ich habe mich gefragt: Was stünde jetzt auf meinem Grabstein? »Sie hat seit ihrem 14. Lebensjahr immer versucht abzunehmen.« Das war der einzige Satz, der da als kontinuierliche Linie stand. Ich

dachte, das kann doch nicht sein, das geht so nicht. Ich muss liebevoller mit mir umgehen. Danach ging es tatsächlich besser mit all den Routinen, die man sich so aufdrückt.

Du hast einmal gesagt, du seist gläubig, insofern, dass du hoffend bist. Hoffst du, dass nach dem Tod noch etwas kommt?
Lustigerweise hat die Gläubigkeit für mich fast nichts mit dem Nachleben zu tun. Ich fahre nicht in dem Bus mit, weil ich denke, dass der mich schon da absetzt, wo ich hinwill. Es ist eben kein Vertrauen, sondern wirklich ein Hoffen. Ich bin gläubig, weil ich so wenig Zweifel habe. Ich habe unheimlich viele Zweifel in Bezug auf mich als Mensch, aber nicht auf mich als kreiertes Wesen. Ich zweifle nicht daran, dass ein Gott irgendwie alles zusammenhält. Ich glaube, dass wir in einem Gefüge gehalten sind. Dass es nicht das Gefüge ist, das wir uns alle vorstellen und wünschen, das müssen wir irgendwie hinnehmen. Aber ich habe durch dieses Denken so viel Trost erfahren, dass ich nicht drauf verzichten mag. Ich bin aufgehoben in meinem komischen Hoffen.

Du hast also ein pragmatisches Hoffen entwickelt?
Ja. Es hat viel mit Pragmatismus zu tun. Ich habe nicht genug Kraft, nicht zu glauben. Ich kann es mir nicht leisten zu denken, dass es gar nichts gibt. Ich habe einen Partner, der sagt, da ist nichts. Und Tim dachte das auch. Ich habe zugegebenermaßen schon Tränen vergossen deswegen und gedacht, was ist denn, wenn wir wirklich mal alle auf einer Wiese sitzen und die da nicht auftauchen?

∞

Ein gutes halbes Jahr nach unserem Gespräch stirbt Nora Gomringers Mutter, drei Monate vor ihrem achtzigsten Geburtstag. Bei einer Routineuntersuchung am Herzen wurde eine Lungenentzündung festgestellt, die auf das Herz strahlte. Der Arzt überwies sie sofort in eine Klinik, wo sie aufgrund der Corona-Maßnahmen keine Besuche empfangen durfte. Zunächst schickte sie noch Bilder von sich auf der Intensivstation, doch dann verschlechterte sich ihr Zustand rapide. Schwach und mitgenommen war sie immer öfter verwirrt. Nora spricht von ihrem Sterben als einem Martyrium. »Heute vor genau zwei Wochen ist meine Mutter gestorben«, postet sie auf Instagram. »Wir sind erschöpft und fassungslos, unser Familiengebäude ist einsturzgefährdet. Wie bitter das ist, in Corona-Zeiten jemanden zu verlieren, berührungslos bleiben zu müssen, obwohl man ertrinkt, ist so verzweifelt und müde machend.« Viele Monate später schreibt uns Nora eine Nachricht. »Hätte ich über die Trauer gewusst, was ich jetzt weiß, unser Gespräch wäre ein anderes geworden.«

Wieder treffen wir uns per Videocall, und unser Gespräch wird ein anderes. Diesmal kommen wir nichts ins Plaudern. Ohne Umschweife sprechen wir über ihren Verlust. Nora ringt um Worte, um Bilder. Als Tim starb, erzählt sie, war es, als blickte sie ganz kurz in einen unausgeleuchteten Raum. Dann ging die Tür wieder zu. »Jetzt«, sagt sie, »steht diese Tür sperrangelweit auf. Ich laufe durch diesen schlecht beleuchteten Raum und stoße gegen viele Möbel – offensichtlich ist er voll möbliert, doch keiner hat mir gesagt, was das für ein Raum ist, in dem ich jetzt bin.«

Deine Mutter ist vor knapp einem Jahr gestorben. Wie geht es dir heute?
Es gibt da diese parallelen Wahrnehmungszustände. Ich saß heute bei meiner Gynäkologin und war erstaunt, dass ich in relativ distanziertem, klaren, nicht-weinerlichen Ton davon erzählen konnte, dass wir in etwa anderthalb Monaten unser Trauerjahr beenden. Und dann denke ich in bestimmten Augenblicken wieder: Das muss ich Mama erzählen. Oder ärgere mich darüber, dass sie mich schon so lange nicht mehr angerufen hat. An einem Tag wie heute, der einen wie mit dem Lasso einfängt, frage ich mich, wie der Geist in diese Verwirrungszustände kommt. Schließlich gibt es genug Momente, in denen tiefe Trauer herrscht, in denen ganz klar ist, dass man diesen Menschen nie wiedersehen wird. Ich bin eben auch immer noch ein *motherless child*, habe viele Ach- und Weh-Zustände, viel zugenommen, abgenommen, wieder zugenommen. Routinen einzuhalten fällt mir schwer. Da ist viel Kummer und Sorge um die Hinterbliebenen, unseren kleinen Kreis an Menschen.

Wir fragen uns oft, was es eigentlich mit dem Trauerjahr auf sich hat. Einerseits ist es natürlich bedeutsam, weil man so viele erste Male ohne diesen Menschen macht. Feiertage, Geburtstage, dann der erste Todestag. Andererseits haben wir die Erfahrung gemacht, dass sich die Trauer wenig darum schert, ob ein Jahr vorbei ist. Welche Bedeutung hat dieser Begriff für dich?
Ich benutze das wie einen Kung-Fu-Tritt. Ich trete damit Leute weg. Mir hilft diese Fassade, eine gesellschaftliche Konvention, die es eigentlich auch nur noch bei uns hier gibt. Als ich meinen Freunden in den USA davon erzählte, waren

sie völlig verwirrt von der Idee, dass es dieses eine Jahr geben soll. Ich fühle mich dabei wie eine schwarzgewandete römische Nonne, die sagt: Ich bin in Trauer, lasst mich in Ruhe.

In unserem ersten Gespräch haben wir darüber geredet, wie wir uns durch Menschen, die uns nahestehen, in der Welt verorten. Wie hat der Tod deiner Mutter deine innere Landkarte verändert?
Ich fühle mich unglaublich sterblich. So sterblich wie jetzt war ich nie. Alle Wurzeln sind rausgerissen, zum ersten Mal bin ich ein Schwebepartikel.

Wirkt sich das auf deine Beziehungen zu anderen Menschen aus?
Ich bin fast blind davon ausgegangen, dass sich jetzt alle guten und nahen Beziehungen verändern werden. Ich hatte auf einmal Angst, dass mein Freund sich von mir trennt. Hatte Angst, dass ich nicht mehr die richtige Partnerin bin, wo ich jetzt durch ein dunkles Tal laufe, wie man es als biblisches Bild kennt. Eigentlich habe ich gedacht, ich muss jetzt ins Bergwerk einfahren. Ich muss da jetzt runter, habe so einen blöden Helm auf und schwere Schuhe an und ich muss mich durch diesen Berg der Trauer wühlen. Ich habe mich auch schon gleich vorentschuldigt bei vielen Leuten, dass ich mich nicht melden, nicht reagieren kann, dass ich keine Kraft habe.

Das klingt doch eigentlich sehr gesund…
Auf bestimmte Weise bin ich auch etwas erstarkt, sodass ich vielleicht gar nicht mehr so viel Kung-Fu anwenden muss. Der ganze Prozess hat mir einen Blick auf die Lebenszeit er-

möglicht, auf Vergänglichkeit. Ich fühle darin eine Bestimmtheit, eine Selbstbestimmtheit. Ich kann sehr viel bestimmter sagen: Dieses und jenes will ich jetzt nicht machen.

Hattest du die Möglichkeit, deine Mutter nach ihrem Tod zu sehen, dich zu verabschieden?
Meine Mutter durfte aus dem Krankenhaus noch mal nach Hause kommen und ist dort gestorben. Sie lag in ihrem Bett und sah aus, als sei sie sehr überrascht, dass der Tod auf einmal kam. Sie hatte die Stöpsel von ihrem iPod in den Ohren. Ich habe dann nachgeforscht, was sie gehört hat, und es war das Weihnachtsoratorium von Bach. Krass. Trotzdem tröstet es mich jetzt, dass sie nicht den traurigsten Blues gehört hat. Sie liebte Weihnachten und hat immer diese Lieder gehört, um sich in Stimmung zu bringen.

Und hast du dann noch Zeit mit ihr verbracht?
Ich durfte dort, an ihrem Sterbebett, zwischen 13 und 19 Uhr mit ihrem toten Körper sitzen. Ich habe gelitten ab etwa fünf Uhr abends, weil ich dann Angst bekam und dachte: Jetzt sind es noch zwei Stunden. Noch eine Stunde und neunundfünfzig Minuten. Und so weiter.

Gibt es Dinge, die dir in der Zeit danach geholfen haben?
Bei diesen Ohnmachtsgefühlen hilft mir Krafttraining. Dafür bin ich meinem Freund sehr dankbar, dass er mir da etwas an die Hand gegeben hat in seiner stillen, klaren Art. Ich habe immer gedacht, ich müsste mehr Cardio machen und rennen, rennen, rennen. Das ist für mich allerdings auch wahnsinnig kräftezehrend. Krafttraining baut mich auf, im wahrs-

ten Sinne des Wortes. Wenn ich in der Trauer die Hälfte der Zeit denke, dass ich das nicht mehr kann und nicht mehr schaffe, dann mache ich eine Strichliste, wie oft ich zwölf Kilo auf beiden Seiten hochgestemmt habe. In zwei Tagen mache ich das Ganze wieder.

Ist das auch eine Strategie, um die Zeit zu füllen?
Nein, ich hatte im Gegenteil das Gefühl, dass das alles viel zu schnell geht. Ich kann doch nicht in Lichtgeschwindigkeit von meiner Mutter wegkatapultiert sein! Am liebsten wollte ich alles festhalten. In den ersten Nächten nach ihrem Tod war ich wie manisch und habe alles aufgeschrieben, was ich von meiner Mutter gelernt habe. Als würde man das schaffen können. All die Filme, die ich wegen ihr geguckt habe. Marika Rökk, Theo Lingen, Magda Schneider, Romy Schneider, Hans Moser, der furchtbare Hans Moser, Heinz Rühmann. *Sophies Entscheidung* musste ich mehrfach gucken, um zu verstehen, was ich da sehe. *Gefährliche Liebschaften, Pretty Woman, Dirty Dancing.*

Wie lange hielt dieser Zustand an?
Das waren die ersten zehn, zwanzig, dreißig, vierzig Tage. Ich wusste, ich habe jetzt einen Schub, sehr viel Adrenalin. Dann stoppte es radikal. Jetzt schaue ich mir die Dinge wohldosiert an, wie eine Pille, langsam, langsam. Weil es immer wieder mein Herz bricht. Ich weiß ja, dass Mütter sterben. Ich weiß, dass es Generationenwechsel gibt. Aber ich bin wahrscheinlich ein Kind gewesen, das in seine Mutter verliebt war. Nur so kann ich's beschreiben.

Wie hat der Tod deiner Mutter eure Familie verändert?
Es ist irre, sich bewusstzuwerden, dass alle Festlichkeiten, alles, was man als Familie kannte, jetzt nicht mehr statuiert wird durch diese eine Person, die wirklich so eine Art Familienklebstoff war. Wenn wir also wirklich Familie wollen, müssen *wir* das jetzt statuieren. Gibt es jetzt neue Rituale? Macht man sich frei? Was ist mit Weihnachten? An Ostern habe ich aus dem Gedanken heraus, dass ich etwas aufrechterhalten muss, Spargel für den Vater gekocht.

Wie geht ihr mit den Sachen deiner Mutter um?
Mein Vater ist in der Wohnung geblieben, sie ist ein bisschen wie ein Museum. Wir haben das Wasser in ihrem Glas verdunsten sehen. Die Bücher liegen aufgeschlagen auf dem Nachttisch. Das Totenbett meiner Mutter ist noch immer ungemacht. Wenn es mir elend geht, gehe ich in den Raum und schnuppere an dieser Decke und knie mich hin und stecke die Nase zwischen die beiden Betthälften. Ich frage mich nicht mehr, ob das verkehrt ist oder ob man daran was ändern muss. Ich lasse es einfach geschehen.

Sprichst du viel mit anderen über deine Mutter?
Wenn Menschen mir gute Dinge über meine Mutter erzählen, ist das wunderlich für mich, es gibt gar kein anderes Wort dafür, ich bin dann ganz zu ihr hin transportiert. Ich verstehe, wie wichtig das ist, wie heilsam es sein kann, von einem anderen Menschen einen Bericht zu hören, wie sie war, wie der andere war, was sie immer gemacht, was er gegessen hat und so fort …

Verrückt, oder? Dass diese Dinge so wichtig sind.

Und gleichzeitig geht da ja ein ganzer Kosmos unter. Die freundliche Friseurin oder die Frau, bei der sich meine Mutter immer die Nägel hat machen lassen. All diese Verbindungen zu den Leuten, die man so nett fand, als Kind. Man hatte selbst keine Beziehung zu ihnen, aber man wusste, das ist die und die und zu der geht sie immer und das sind wichtige Leute. Und auf einmal schauen diese Leute so verstohlen. Ich muss mich dann richtig aufbauen und winken und sagen: Hallo, ich bin wieder da.

Bist du in Kontakt mit deiner Mutter?

Ich habe immer das Gefühl, dass meine Toten mir Aufgaben mitgeben. Bei meiner Mutter ist es mein Vater. Mich um ihn zu kümmern und gut zu ihm zu sein, obwohl es so konfliktreich ist. Bei Tim waren es die Eltern, die ich begleiten wollte, und eben das Schreiben, ein Buch machen. Bei meiner Freundin Anna fühlte ich damals, dass ich leben muss, im Gegenzug dafür, dass die 25-Jährige nicht mehr leben kann. Das hat mir sehr geholfen in meiner Trauer, weil ich merkte, ich kann diese Dinge für sie tun. Tanzen. Alles mögliche ausprobieren.

In unserem ersten Gespräch haben wir über Grabsteine nachgedacht. Was würde jetzt, in diesem Moment, auf deinem Grabstein stehen?

Ich habe gemerkt, wie wichtig Bänke auf Friedhöfen sind. Deshalb hätte ich gerne so etwas wie eine Steinbank. Die eine Seite bleibt frei für mich und auf der anderen steht: Setz dich her.

5 Früher warst du anders

Über Trauer und Beziehungen

Wir wissen nicht,
wie wir trauern werden,
bis wir es tun.

CHIMAMANDA NGOZI ADICHIE,
TRAUER IST DAS GLÜCK, GELIEBT ZU HABEN

Trauer und Liebe sind zwei Seiten derselben Medaille. Die Liebe ist überall, wo wir dem Tod begegnen: in den Inschriften von Grabsteinen, Gruften und Steinplatten. In den Blumen, den Kerzen, den Kuscheltieren, die dort abgelegt werden, wo jemand gestorben ist. Sie begründet den Schmerz auf ihre Weise. Ihre Gestalt bestimmt die Gestalt unserer Trauer und die Gestalt unseres Verlustes: Der Verlust eines Elternteils ist etwas anderes als der unserer Großeltern, der Partner:in, einer Freund:in oder der eines Kindes. Weil der Tod eines Kindes, für das man Verantwortung hatte, auf vielen Ebenen besonders heftig ist, werden wir darauf im Kapitel »Durch Pfützen springen« gesondert eingehen.

Familie

Wenn ein Familienmitglied stirbt, verändert sich die Dynamik in diesem Beziehungsgeflecht. Rollen und Funktionen verschieben sich plötzlich und müssen neu geordnet werden. Jede:r in der Familie trauert um jemand anderen: Mein Bruder und ich trauerten damals um unseren Vater, meine Mutter um ihren Ehemann und meine Großmutter um ihren Schwiegersohn. Und so unterschiedlich die Beziehungen und so individuell die Charaktere waren, so verschieden war auch unsere Trauer. Die Bedürfnisse aller Familienmitglieder sind dabei nur schwer unter einen Hut zu bekommen. Vielleicht muss das auch gar nicht sein. Wichtig ist nur, dass es jeder Person gestattet wird, auf ihre Art mit dem Verlust umzugehen. Denn in manchen Fällen ist geteiltes Leid eben nicht halbes Leid.

Und Suizid ist einfach für alle beschissen. Dann gesellen sich in den Reigen der grässlichen Gefühle, die ohnehin schon mit der Trauer verbunden sind, auch noch Schuld und Scham. In meinem Fall wies das gesamte Umfeld meiner Mutter latent Schuld zu. Sie hatte sich wenige Wochen zuvor von meinem Vater getrennt und lebte zum Zeitpunkt seines Todes mit einem anderen Mann zusammen. Stimmt, die Situation war damals nicht einfach, es gab viele Probleme und viel Leid. Aber: Niemand hat Schuld am Suizid eines anderen. So funktioniert das nicht. Die Trauerbegleiterin Chris Paul weist darauf hin, dass Angehörige und Freund:innen von durch Suizid verstorbenen Menschen grundsätzlich zunächst mit Angst und Verunsicherung reagieren. Eher außenstehende

Personen hingegen versuchen sich die Situation mithilfe von Schuldzusammenhängen zu erklären und schaffen dadurch eine für sie entlastende Distanz zum Geschehenen. Das verstärkt die Schuldzuweisungen für die nahen Hinterbliebenen enorm.[25] Wie genau die komplexen Gefühle rund um Suizid funktionieren, beschreibe ich im letzten Kapitel »Die Sache mit der schwarzen Wolke«.

Bindet Trauer?

Ich habe reihenweise solcher Zuweisungen zu hören bekommen, teilweise sogar in einer völlig irregeleiteten Tröstungsabsicht, die die Verantwortung von meinem Vater auf meine Mutter übertrug. Eine Person sagte zu mir: »Jetzt hat sie ja, was sie wollte.« Das hat mich fertiggemacht. Außerdem hat es den Reflex in mir verstärkt, meine Mutter vor den Anschuldigungen schützen zu wollen, obwohl ich mich doch eigentlich von ihr beschützen lassen wollte. Das machte das Ganze nicht einfacher.

Schon die Sache mit dem *Beschützen lassen* war kompliziert genug. Zum einen gab es da den neuen Mann, mit dem ich nun erst recht nichts zu tun haben wollte, der aber immer da war. Und zum anderen war die Trauer meiner Mutter laut. Sehr laut. Wütend. Sie schimpfte viel über meinen Vater, sie brüllte Leute an und brach an öffentlichen Orten weinend zusammen. Damals konnte ich das nicht aushalten. Aus heutiger Sicht verstehe ich ihre Reaktion besser. Sie wollte selbstbestimmt leben und muss sich vom Suizid meines Vaters maximal dafür bestraft gefühlt haben. Und alle in der kleinen Stadt gaben ihm Recht! Was für ein perfider Mist.

Ich selbst stellte mir diese Schuldfrage nicht, aber zu spüren, dass sie existierte, fühlte sich so bedrohlich an, dass ich die Luft anhalten musste. Je lauter meine Mutter wurde, desto stiller wurde ich. Für meine Trauer war kein Raum, auch nicht gemeinsam mit meinem Bruder. Wir hatten keine Worte, um über das Geschehene zu sprechen, wir waren buchstäblich sprachlos. Wir hätten uns Hilfe holen sollen, aber wir taten es nicht, weil es uns gar nicht in den Sinn kam. Ganz ehrlich, ich dachte, uns kann sowieso niemand helfen.

Ich wusste nicht, dass es professionelle Berater:innen gibt. Trauerbegleiter:innen oder auch Psychotherapeut:innen, die uns dabei unterstützen, Zugang zu den eigenen Bedürfnissen zu finden. Die uns den Rücken stärken und vielleicht Wege aufzeigen, die man selbst gerade nicht sieht. Etwa, sich in Taten zu stürzen, um sich abzulenken oder richtig laut zu sein, lauter sogar als meine Mutter. Oder eben auch den Rückzug aus der Familie anzutreten. Es klingt so banal, aber diese Möglichkeit ist mir nicht in den Sinn gekommen. Oder genauer: Den Wunsch nach Rückzug hatte ich schon, ich wusste nur nicht, dass ich das darf.

Die Erwartungen und Ansprüche innerhalb einer trauernden Familie können erdrückend sein. Ausdrücke wie »Jetzt müssen wir zusammenhalten« oder »vereint im Angesicht des Todes« offenbaren: Trauer soll Bindung stiften. Familien, in denen das funktioniert, können eine große Stütze für alle sein, aber ich halte sie für die Ausnahme. Meine Mutter hatte damals das Bedürfnis nach Gemeinschaft und familiärer Unterstützung, und sie forderte es auch von uns ein. Mein Bruder und ich fügten uns, steckten zurück – und verstummten, jede:r für sich. Es war fast so, als hätten wir beide mit unserem Vater auch die Verbindung zueinander verloren.

Und dann, 18 Jahre später: »Da warten zwei Herren auf dich.« Meine zwei Kinder und ich kamen gerade vom Einkaufen. Wir waren mit Tüten bepackt und fröhlich. Morgen würden die Sommerferien beginnen und beide ins Zeltlager fahren. Mein Freund schaute so komisch. Noch bevor sie die Wohnung betreten konnten, nahm er den Kindern die Tüten ab und sagte: »Wer will ein Eis?« Beide jubelten, er schob mich vorsichtig zur Tür hinein und ging mit den Kindern nach draußen. Ich drehte mich um. Da standen zwei Polizisten. Einer fragte mich nach meinem Namen und sagte dann: »Bitte setzen Sie sich.« Ich setzte mich. Sie blieben stehen. »Es geht um Ihren Bruder. Er hat sich das Leben genommen.«

Mein Bruder. Er ist sieben Jahre älter als ich, und als Kind habe ich ihn vergöttert. So krass er mich auch ärgerte, mich verspottete und manchmal auch demütigte – ich habe ihn geliebt. Wir teilten uns ein Zimmer, bis ich zehn Jahre alt war. Ich habe der Enge unserer Platte noch einige Zeit nachgetrauert, weil die getrennten Zimmer im neuen Haus mehr Distanz zwischen uns brachten. Als ich acht oder neun Jahre alt war, träumte ich davon, dass er stirbt, und ich kann mich noch heute an mein Entsetzen im Traum und an die Erleichterung beim Aufwachen erinnern. Dreißig Jahre später gab es kein Erwachen mehr. Er hatte den Kontakt zu allen abgebrochen. Zwei Jahre vor seinem Tod hatte ich die letzte SMS von ihm bekommen, in der stand, dass er stolz auf mich sei. Ich schickte ihm die letzte

Nachricht, kurz nachdem er gestorben sein muss. Dass ich an ihn denke und sehr hoffe, dass es ihm gut gehe. Es war der Horror, aufs Neue.

Grenzen

Tatsächlich stuft die WHO den Suizid eines Familienmitglieds als Risikofaktor für die Angehörigen ein, psychisch zu erkranken oder selbst an Suizid zu versterben. Weil zusätzlich zur Trauer noch Stress, Schuld- und Schamgefühle, Ärger, Ängste und Verzweiflung auftreten können, weil sich die Familiendynamik ändert. Und weil es aufgrund des Stigmas, das mit einem Suizid verbunden ist, schwieriger ist, sich Hilfe zu suchen oder Hilfsangebote zu bekommen. Ich war mit diesen Dingen natürlich vertraut, ich kannte sie ja gut genug. Aber mir war nicht klar, dass es für meinen Bruder so unmöglich gewesen war, sich Hilfe zu holen.

Ein paar Tage später rief ich meine Therapeutin an. Die Therapie hatte ich während einer anderen Krise begonnen: Meine Kinder waren damals noch sehr klein, ich bekam es irgendwie nicht auf die Reihe, mein Studium zu beenden, und hatte Probleme in meiner Partnerschaft. Ich war von einer großen Verzweiflung und einem entsetzlichen und lähmenden Gefühl beherrscht. Mich davon wieder zu befreien brauchte, auch mit professioneller Hilfe, Zeit: Insgesamt blieb ich sieben Jahre in Therapie. Währenddessen habe ich viel über den Suizid meines Vaters und die belastende Zeit danach gelernt. Ich verstand, dass ich mich von der Trauer der anderen erdrückt gefühlt hatte. Dieses Mal wollte ich es anders machen. Und das hieß vor allem: Abstand zur Mutter. Und der fiel mir unfassbar schwer. Ich hatte schlimme Schuldgefühle. Meine Mutter sagte Sätze wie: »Du bist das Einzige, was ich noch habe«, »Ich brauche dich« und »Lass uns gemeinsam trauern«. Dass ich das nicht konnte, quälte mich. Ich konnte ihr in dieser Situation, wenn ich sie selbst irgendwie überleben wollte, nicht helfen. Ich schaffte es einfach nicht.

Ich zweifelte heftig und hinterfragte immer wieder mein Recht zu diesem Schritt. Und doch wusste ich jedes Mal, dass die Antwort lautet: Es geht nicht anders. In trauernden Familien sind eben alle betroffen. Es gibt niemanden in diesem Gefüge, die oder der sich zurücknehmen kann, um die Trauer der anderen tragen zu helfen. Ich musste mich abgrenzen, um auf meine Art trauern zu können. Dieses Mal wusste ich, was ich brauchte, und war auch in der Lage, das (so liebevoll wie möglich) durchzusetzen. Dabei ist etwas passiert, das sich gut anfühlte, etwas, das ich nicht sofort erkannte, weil es von der Seite angeschlichen kam: Es war die Erkenntnis, dass ich gut für mich selbst sorgen kann. Das mag banal klingen, aber für mich war es eine innere Revolution. Ich konnte Entscheidungen treffen und durchsetzen, die ich für richtig hielt, obwohl sie andere enttäuschten. Ich hielt nicht die Luft an, sondern machte alles genau so, wie es sich für mich okay anfühlte. Ja, ich spürte meine Selbstwirksamkeit. Ich kam zu der Überzeugung, auch schwierige Situationen und Herausforderungen aus eigener Kraft bewältigen zu können. Trauern kann man also vielleicht doch ein Stück weit lernen.

Aber Leiden hat keinen höheren Sinn, und es gibt Menschen, die Trauer gar nicht gut überstehen und versehrt aus der Erfahrung herausgehen. Meinem Bruder ist es so gegangen. Ob ich es ohne die Hilfe meiner langen Therapie geschafft hätte? Ich weiß es nicht.

Kaum ein Jahr nach dem Tod meines Bruders starb auch noch meine Großmutter. Oma war 96 und dement. Meine Mutter begleitete sie. Sie starb einen vergleichsweise friedlichen und absehbaren Tod. In meiner damaligen konfusen Gefühlswelt ist er leider untergegangen. Die Beerdigung fand ein knappes Jahr nach der meines Bruders statt: derselbe Raum, derselbe Friedhof, dasselbe Grab. Ich fühlte gar nichts. Dabei war meine Großmutter ein wichtiger Mensch in meinem Leben gewesen. Ich liebte sie sehr und habe viele wunderbare Erinnerungen an sie. Ihre Demenz begann sich etwa zehn Jahre vor ihrem Tod deutlich zu zeigen, es war ein Abschied auf Raten.

Anfangs spielten wir bei Besuchen in ihrem Pflegeheim noch Mensch-ärgere-dich-nicht, und sie setzte ab und an die falsche Farbe, später erkannte sie meine Mutter, sprach aber meine Tochter mit meinem Namen an. Als ich sie kurz vor ihrem Tod das letzte Mal besuchte, konnte sie nicht mehr sprechen und keinen Augenkontakt mehr halten. Sie blieb in ihrem Bett liegen und setzte sich nicht mehr auf. Das Leben war ihr langsam entwichen. Das war traurig, aber es fühlte sich auf seine Weise in Ordnung an. Letztes Jahr habe ich ihren berühmten gedeckten Apfelkuchen nachgebacken. Als ich ihn gesehen und gerochen habe, konnte ich endlich, endlich weinen.

Weg und doch da

Auch wenn auf meinen Familienfotos fast nur noch Menschen zu sehen sind, von denen heute keiner mehr lebt, fühle ich mich mit meiner Familie verbunden. Meine Eltern, meine Großmutter, mein Bruder, sie alle sind Teil der Welt, in der ich aufwuchs. Sie sind nach wie vor mein primäres Bezugssystem. Meine neuronalen Strukturen, mein Lebenskonzept, meine Kompetenzen, mein Habitus – alles ist im direkten Verbund mit ihnen gewachsen, alles haben sie mitgeformt. Es ist gar nicht möglich, nicht mit der Familie verbunden zu sein, in der man aufgewachsen ist, selbst wenn man sie nicht (mehr) kennt.

Caro erwähnt eine wichtige Traueraufgabe von J. William Worden: die Realität des Verlustes anzuerkennen. Eine weitere wichtige Aufgabe in diesem Modell lautet: die Beziehung zu den Verstorbenen wiederzufinden. Ich denke oft an meine Toten. In meiner Erinnerung und in meinen Träumen sind sie alle sehr lebendig. Am einfachsten ist es mit meiner Großmutter. Ich erzähle meinen Kindern viel von dieser wunderbaren Frau, die in meiner Kindheit eine wichtige Rolle gespielt hat. Ich versuche, die Geschichten weiterzugeben, die sie mir erzählt hat. Von ihrer Kindheit auf einem Bauernhof, von ihrer Jugend im Krieg. Aber am liebsten erzähle ich von meiner eigenen Kindheit und Jugend mit ihr – wie wir gemeinsam auf meinem Moped in die Pilze gefahren sind, sie hinten drauf und mit dem Korb in der Ellenbeuge, oder wie ich jeden Tag nach der Schule zum Essen vorbeikam und wir immer noch eine Runde Dame oder Mühle nach dem Kaffee spielten. (Ich verlor sehr lange beinahe jedes Mal – und als ich den Dreh dann endlich raushatte, hatte sie keine Chance mehr.) Ich denke liebevoll an sie, und wenn ich dabei traurig bin, dann ist das okay und sogar ein bisschen schön.

Mit meinem Vater ist das schwieriger. Von seinem Suizid hatte ich mich hart vor den Kopf gestoßen gefühlt: alleingelassen, nicht wichtig genug, bestraft, irgendwie. Ich erinnere ihn als einen stillen Menschen, lieb, aber auch ein bisschen abwesend. Als ich klein war, arbeitete er in einer Werkstatt, in der Waagen repariert wurden. Manchmal nahm er mich mit, dort roch es so gut, und ich durfte stundenlang Gewichte sortierten. Er konnte alles reparieren, half, wo er konnte, und war gerne im Unterhemd unterwegs.

Es hat gedauert, bis ich Verständnis für ihn und seine Tat auch nur annähernd zulassen konnte. Neben der Therapie hat mir die intensive theoretische Auseinandersetzung mit Depressionen und Suizid geholfen. Irgendwann verstand ich, dass er mir nicht absichtlich wehtun wollte. Und viel später noch konnte ich es auch fühlen. Wenn ich heute an ihn denke, steht er immer irgendwo draußen, im Unterhemd mit breiten Schultern, und lächelt mich unter seinem Schnauzbart an.

Und mein Bruder? Ich erzähle gern und oft von unserer gemeinsamen Kindheit. Weil sie schön war. Denkwürdige Ereignisse gab es, etwa als er heldenhaft meinen von den Buchwalder-Zwillingen gestohlenen Roller zurückholte oder als er frisch vom Friseur kam und ich ihn im Treppenhaus mit »Guten Tag« begrüßte, weil ich ihn ohne seine Dauerwelle nicht erkannt hatte. Stelle ich ihn mir jedoch kurz vor dem Zeitpunkt vor, an dem er gestorben ist, schaffe ich es nicht, ihm keine Vorwürfe zu machen. Und dann höre ich nur Schweigen.

Familien sind niemals einfach, auch nicht, wenn fast alle tot sind. Wer könnte es besser sagen als Marion Brasch in ihrem Roman *Ab jetzt ist Ruhe*: »Jetzt seid ihr alle abwesend. Das ist traurig, doch es hat auch was Gutes: Ihr könnt mir nicht mehr verlorengehen, weil ich euch schon verloren habe.«[26] Das ist doch mal ein tröstlicher Gedanke.

Partnerschaft

»Egal, in welcher Beziehung Sie zu dem Verstorbenen standen«, schreibt Megan Devine, »der Anblick ähnlicher Beziehungen, die rechts und links von Ihnen weiterlaufen, ist brutal, unfair und unmöglich auszuhalten«.[27] Auf Menschen, die ihre Lebensgefährt:innen verloren haben, trifft das vielleicht in besonderem Maße zu, weil diese Beziehungen sichtbarer sind als Geschwister- oder Freundschaftsbeziehungen. Dann ist die Welt manchmal ein einziges Trauerminenfeld, bestückt mit knutschenden, Händchen haltenden, einander umarmenden Pärchen. Eine Bekannte, die ihren Partner verloren hatte, erzählte mir, dass sie besonders hochbetagten Paaren das Zusammensein missgönnte, weil sie so sauer war, dass ihr das mit ihrem Partner nicht mehr möglich sein würde. Sie hasste diese süßen alten Paare, die auf Parkbänken saßen oder Hand in Hand spazieren gingen – und schämte sich fürchterlich dafür.

Hass ist kein ungewöhnliches Gesicht der Trauer. Es tritt insbesondere in Momenten hervor, in denen uns die himmelschreiende Ungerechtigkeit unseres Verlustes anspringt. Wenn ein Mensch stirbt, mit dem wir einen großen Teil unserer Zeit verbracht haben, wird die Realität ohne ihn zunächst unerträglich. »Am schlimmsten«, sagte meine Bekannte, »sind diese Momente, in denen man kurz vergisst, dass der andere tot ist.« Sobald sie dann realisierte, in welcher Welt sie gerade zu leben gezwungen war: zack, Trauermine! »Ich habe außerdem eine Scheißangst vor Feierabend und Wochenenden oder, oh Gott, Urlaub«, sagte sie. »Das ist Zeit, die wir meist gemeinsam verbracht haben. Ich muss mich gut organisieren, damit ich dann nicht tief falle. Ich verabrede mich für einen Kaffee nach der Arbeit oder gehe am Wochenende mit jemandem spazieren. Wenn ich erst mal alleine zu Hause auf dem Sofa sitze, wird es schnell ganz dunkel.« Als ich sie fragte, ob sie auch hin und wieder mit ihrem Toten sprechen würde, rief sie: »Und wie! Andauernd! Ich brauche ihn ja auch, um das hier durchzustehen.«

Mitbestimmung

Eine Schwierigkeit, mit der hierzulande Menschen zu kämpfen haben, die nicht mit ihren Lebensgefährt:innen verheiratet waren, ist das Mitbestimmungsrecht. Sie haben es nämlich nicht. Caro schildert das im Kapitel »Alle Jahre wieder« deutlich: Über den Ablauf der Trauerfeier, die Grabstätte und den Nachlass bestimmen rein rechtlich die nächsten Verwandten. Selbst wenn das Paar zusammengewohnt hat, dürfen theoretisch die Anverwandten entscheiden, was mit den Dingen der verstorbenen Person geschieht. Und es kann wirklich heftig sein, wenn beispielsweise die Eltern kommen und kistenweise Erinnerungen wegtragen.

Ähnlich verhält es sich, wenn Freund:innen sterben. Als Caros Freundin Andrea starb – sie erzählt davon im nächsten Kapitel –, traute sie sich nicht, nach einem Erinnerungsstück aus dem Besitz ihrer Freundin zu fragen. Aber für all die Jahre, die folgen, in denen wir die verstorbene Person vermissen und uns über ein Erinnerungsstück freuen – dafür lohnt es sich, die Höflichkeit und Zurückhaltung sausen zu lassen und zu sagen: »Ich möchte das behalten«. Oder »Ich möchte beim Ausräumen der Wohnung helfen«. Oder »Ich möchte bei der Kremation/Beisetzung dabei sein«. Falls es mit der Familie der verstorbenen Person schwierig ist, gibt es auch andere Möglichkeiten. Die Freund:innen meines Bruders etwa haben sich am Abend nach der offiziellen Beerdigung am frischen Grab verabredet. Seine gesamte ehemalige Schulklasse war da. Sie sagten, sie würden ab sofort den Besuch am Grab als Tagesordnungspunkt bei ihren Klassentreffen einbauen. Dass sie ihn nicht aufgeben, nur weil er tot ist – das hätte meinen Bruder gefreut.

Alles anders

Beziehungen verändern sich unter der Trauer, wie sie sich eben in jeder Krise verändern. Wie Caro erhielt auch ich die Diagnose: Anpassungsstörung. Anders als sie war ich davon nicht sonderlich irritiert. Ich empfand Trauer als genau das: eine gestörte, nicht vollzogene Anpassung der inneren an die äußere Welt. Das tut weh, das stellt vieles in Frage, das verändert uns. Wir können einfach nicht mehr so weitermachen wie zuvor. Partnerschaften trifft es oft am härtesten. Trauernde Partner:innen sind meist nicht mehr in der Lage, ihrem Gegenüber das gleiche Maß an Aufmerksamkeit zu schenken wie zuvor. Sie brauchen Verständnis, Empathie und Entlastung im Alltagsleben. Sie nehmen mehr und können kaum etwas zurückgeben.

Als mein Bruder starb, begleitete mich mein damaliger Freund Matthias zu meiner Mutter und uns beide dann zur Kripo, um den Wohnungsschlüssel abzuholen. Er fuhr mit uns zur Bruder-Wohnung, woraus der tote Körper zwar entfernt worden war, aber sonst alles auf uns wartete: tausende Fliegen, festgeknoteter Gurt, Verwesungsgeruch. Es war Hochsommer, und mein Bruder hatte einige Tage tot in seiner Wohnung gelegen, bevor die Polizei ihn fand. Matthias hielt das mit uns aus. Er war dabei, als wir meine demente Oma im Heim besuchten, um ihr die Nachricht zu überbringen. Auch als meine Mutter mit einer Pflegerin stritt, sie anschrie und sogar handgreiflich wurde (die Wut war wieder zuerst da), blieb er. Er hat mir Raum gegeben und auf mich aufgepasst. Dafür bin ich ihm unendlich dankbar. Zwei Jahre später trennten wir uns, und ich gebe der Trauer eine Mitschuld. Sie hat buchstäblich etwas in mir verrückt.

Führt man gerade eine romantische Zweierbeziehung, wenn die Trauer hereinplatzt, steht dieses Verhältnis plötzlich auf dem Prüfstand, ob man will oder nicht. Die Trauer überlagert alles und verändert unseren Blick auf unsere Bedürfnisse. Wir legen andere Maßstäbe an unsere Beziehungen und wollen verdammt noch mal keine Zeit mehr verschwenden. Es gibt Partnerschaften, die sich in der Trauer intensivieren und enger zusammenwachsen, und es gibt viele, die das nicht überstehen und auseinandergehen. Vielleicht, weil die Kraft, die man als trauernde Person für sich braucht, dann in der Partnerschaft fehlt. Oder weil unseren Partner:innen die Geduld ausgeht, da sie in der immer wiederkehrenden Trauer ständig die eigenen Bedürfnisse zurückstellen müssen. Trauer macht uns egozentrisch. Mit ihr dreht sich alles nur um unseren Schmerz. Und das ist okay und darf so sein. Schließlich sind wir es auch, die zurückbleiben und mit dem Verlust leben lernen müssen.

Meine damalige Partnerschaft hat diesem inneren Sturm nicht standgehalten. Es war eine schwierige Zeit. Ich war panisch und musste all meinen Mut zusammennehmen, um mich zu trennen. Im Hintergrund lief in Endlosschleife ein nur allzu gut bekannter Film: *Meine Mutter hat sich getrennt, und kurze Zeit später war mein Vater tot.* Ich hatte solche Angst, dass wir das nicht beide überleben. Haben wir aber. Und darüber bin ich wahnsinnig froh. Heute sind wir Freunde und gemeinsam Eltern. Besser hätte ich es mir nicht wünschen können.

Manches neu

Meine Verletzlichkeit zu zeigen, sie laut auszusprechen, diese radikale Ehrlichkeit war für mich ebenso revolutionär wie die Erkenntnis meiner Selbstwirksamkeit. Daraus ergaben sich zwei entscheidende Veränderungen in meiner Selbstwahrnehmung: Erstens schämte ich mich nicht mehr. Jahrelang hatte ich unter schlimmen Scham-Träumen gelitten. In ihnen stand ich im Supermarkt, gerne am Gemüseregal, und bemerkte beim Blick in die dortigen Spiegel plötzlich, dass ich nackt war. Nie hatte ich genug Stoff bei mir, um mich zu bedecken, nur einen Jutebeutel oder sogar nur ein Taschentuch! Diese fiesen Träume sind glücklicherweise Vergangenheit. Heute übe ich an heißen Sommertagen das Nacktumherlaufen am FKK-Strand – und fühle mich mittlerweile sehr wohl dabei! Meine Verletzlichkeit bewusst auszustellen, nicht mehr zu verstecken, was mir passiert ist, es sogar öffentlich zu machen – das hat mir Kraft und Selbstbewusstsein geschenkt.

Zweitens kam ich zu der banalen wie bahnbrechenden Erkenntnis, dass ich nur dieses eine Leben habe. Und dass ich aus meiner endlichen Zeit an guten Dingen herausquetschen will, was nur geht. Ich will ein Leben führen, das ich mir besser nicht aussuchen könnte. Keine Zeit mehr für Bullshit.

Buch: Lucy Fricke, *Töchter*
Song: Cat Stevens, *If you want to sing out, sing out*
Serie: *Please like me*

6 Ich muss laufen, laufen

Über die Körperlichkeit von Trauer

> Herz, Darm, Magen, Haut, sie stimmen eine gleichlautende Elegie des Verlusts an.
>
> CONNIE PALMEN, LOGBUCH EINES UNBARMHERZIGEN JAHRES

Es schnürte mir die Kehle zu. Als meine Freundin Andrea starb, verstand ich zum ersten Mal, woher diese Redewendung kam.

Wir hatten uns in einem Frankfurter Verlag kennengelernt, sie war Pressereferentin, ich begann dort mein Volontariat. Es war so etwas wie Liebe auf den ersten Blick. Morgens kam sie meistens zu spät, um noch etwas vom verlagseigenen Frühstücksbuffet abzubekommen, also stellte ich ihr jeden Tag einen Teller mit Häppchen und eine Tasse Kaffee auf den Schreibtisch. Zusammen rauchten wir die erste Zigarette des Tages. Das durfte man nämlich damals noch: am Schreibtisch rauchen. Dabei erzählte sie mir von ihren Liebschaften. So verbrachten wir zwei Jahre auf engstem Raum. Irgendwann bekam ich mein erstes Jobangebot und zog nach Berlin. Wir telefonierten einmal die Woche und sahen uns jedes Mal, wenn sie in der Stadt war.

Ich kann mich noch genau an den Moment vor mehr als zehn Jahren erinnern, als ich von ihrer Krankheit erfuhr.

Es war ein warmer Frühlingsabend. Ich fuhr gerade mit dem Fahrrad über die Spreeinsel in Mitte, da, wo ein paar Jahre zuvor noch der Palast der Republik gestanden hatte und heute das Humboldt Forum seinen Sitz hat, als es in meiner Hosentasche piepte. Ich warf einen kurzen Blick auf mein Handy und sah eine kryptische Nachricht von Andrea. »Hast du schon von mir gehört? Ruf mich bitte an«, stand dort. Ich sprang vom Fahrrad, dabei fiel mir die Sonnenbrille vom Kopf, ich ließ sie einfach liegen. Mir war nicht klar, was die Nachricht zu bedeuten hatte, doch ich ahnte nichts Gutes. Auf dem Handy erreichte ich sie nicht. Als ich mit klopfendem Herzen ihre Festnetznummer wählte, ging ihr Vater ran. Er war über siebzig und wohnte eigentlich in der Nähe von Hamburg. Wir kannten uns nicht persönlich, hatten aber von Andrea viel übereinander gehört. Ich schaffte es gerade noch, meinen Namen zu sagen, da brach es schon aus ihm heraus: »Meine Tochter ist im Krankenhaus«, hörte ich. »Sie hat Lungenkrebs. Eine sehr aggressive Form von Lungenkrebs.«

Ein knappes Jahr lang schaute ich Andrea dabei zu, wie sie ihre Haare verlor – eine wilde Mähne, die ihr bis zur Taille gereicht hatte und die ihr Markenzeichen und ihr ganzer Stolz gewesen war. Wie die Medikamente ihren Körper bis zur Unkenntlichkeit aufschwemmten. Wie sie schließlich immer weniger wurde und nichts mehr übrig blieb von dem energiegeladenen Freigeist, der sie vor ihrer Krankheit gewesen war. Als ich sie zum letzten Mal besuchte, war sie ein zuckendes Bündel unter einer dünnen Krankenhausdecke. Sie bekam so viel Morphium, dass sie kaum mehr bei Bewusstsein war. Nur einmal öffnete sie noch die Augen. Ein Auge, um genau zu sein. Dieses Auge wanderte von mir zu ihrem Vater und wieder zurück, zwei vermummte Gestalten, die in grünen Kitteln auf sie herabblickten. Es blinzelte. »Scheiße« war das Letzte, was ich sie leise und mit schwerer Zunge sagen hörte. Mir kam es so vor, als sei die Andrea, die ich gekannt hatte, noch ein letztes Mal zu uns zurückgekommen, zusammen mit der entwaffnenden Offenheit, für die ich sie so liebte. Und ich war ihr dankbar dafür.

Als ich von ihrem Tod erfuhr, schnürte es mir nicht die Kehle zu. Das kam später. Als ich von ihrem Tod erfuhr, stand ich im Flur des Unternehmens, für das ich damals arbeitete. Eine Woche war seit meinem letzten Besuch im sechshundert Kilometer entfernten Krankenhaus vergangen. Ich hatte auf diesen Anruf gewartet. Dann kam er. Ich fühlte – nichts. Ich legte wieder auf. Rief meine Mutter an. Sie weinte am Telefon, heute glaube ich: Sie weinte für mich. Danach ging ich zurück in mein Büro und arbeitete weiter.

Nebeneinandergeraten

Irgendwann, Monate nach ihrem Tod, fing das mit der Kehle an. Ich stand an der Supermarktkasse und bekam plötzlich keine Luft mehr. Mein Kopf dröhnte, als schlüge jemand mit einem Hammer auf mich ein. Diese Zustände kamen immer wieder, in allen möglichen Momenten. Die Tage danach verbrachte ich im Bett, außer Gefecht gesetzt. Ratlos, was da mit mir passierte, schämte ich mich – und schob es von mir weg. Rückblickend weiß ich, dass ich unter Panikattacken litt, eine Reaktion meines Körpers auf extremen Stress. Ich wünschte, ich hätte damals genauer hingeschaut. Dann hätte ich vielleicht gesehen, dass es meine Trauer war, die da auf mich einhämmerte.

Vier Jahre später hatte ich keine Wahl mehr. Als Stefan starb, konnte ich über kurz oder lang nicht anders als hinzuschauen. Mein Körper zwang mich dazu. Nie zuvor hatte ich eine solche körperliche Erschöpfung gefühlt wie in dem Jahr nach seinem Tod. Zudem wurde ich ständig krank und bekam jedes Mal Schnupfen und Halsschmerzen, wenn nur jemand neben mir nieste. Eigentlich wollte ich rund um die Uhr nur noch im Bett liegen, und das tat ich auch monatelang, nachdem ich mich hatte krankschreiben lassen. Ich schlief viel, auch tagsüber. Wenn ich wach war, fühlte ich mich permanent benebelt. Gewohnheiten wurden mir fremd. Ich war verwirrt, konnte mich auf nichts konzentrieren. Ständig verlegte ich mein Handy und den Schlüsselbund, beides tauchte an den unwahrscheinlichsten Orten wieder auf. Während ich mich täglich auf die immer selbe, zermürbende Suche nach ihnen begab, braute sich Wut in mir zusammen. Dann ertappte ich mich dabei, wie ich mich innerlich beschimpfte. *Wie kann man, verdammt noch mal, so blöd und zerstreut sein?*

Mehrfach stand ich völlig orientierungslos auf der Straße vor meiner Wohnung. Warum noch mal hatte ich mich angezogen, mich drei Stockwerke nach unten geschleppt? Ich überlegte, minutenlang. Dann fiel es mir ein: Ich wollte mir ein Brötchen holen. Doch wo war der Bäcker, bei dem ich seit Jahren einkaufen ging? Als ich die Straße überqueren wollte, wusste ich nicht, in welche Richtung ich zuerst schauen sollte. Es war, als wäre in mir nur noch Platz für Stefan und seinen Tod, als hätte ich keine Kapazitäten mehr für irgendetwas anderes. In diesen Momenten fragte ich mich, ob ich nicht doch dabei war, meinen Verstand zu verlieren. *Leben gerät aus der Spur,* notierte ich irgendwann. *Ein wahlloser Augenblick. Auf dem Gehweg, ein Schienbein in kurzen Hosen, behaart, in Turnschuhen. Ich auf dem Fahrrad, im Vorbeifahren. Leben gerät aus der Spur, nur ein bisschen, als wäre mein Rad in eine schmale Rille direkt daneben gerutscht, als würde mein Gehirn das Bild von meinem linken und meinem rechten Auge nicht ganz übereinanderlegen. Zwei Schattenumrisse der nebeneinander geratenen Welt.*

Diesmal saß ich es nicht aus. Diesmal ging ich mit meiner nebeneinander geratenen Welt zu meiner Therapeutin und fragte sie, was da mit mir passierte. *Dieses Flattern im Körper, als hätte ich Drogen genommen. Starre im Körper. Grauen im Körper. Aus der Spur.* Sie erklärte mir, dass Trauer dieselben körperlichen Reaktionen hervorrufen kann wie beispielsweise eine posttraumatische Belastungsstörung: »Du stehst unter Stress, wie ein Tier, das man in einer fremden Umgebung ausgesetzt hat. Dein Gehirn signalisiert Gefahr, und dein Körper zeigt die entsprechenden biologischen Reaktionsmuster.« Meine Therapeutin tat damit etwas für mich sehr Hilfreiches: Sie stellte mir keine Diagnose, sondern gab mir eine *Erklärung* für das, was ich erlebte. Die Bilder in meinem Kopf, diese Intrusionen, fuhr sie fort, seien unverarbeitete traumatische Erfahrungen, die durch Schlüsselreize aktiviert würden. Ein Satz ist mir besonders im Gedächtnis geblieben: »Du siehst sie wieder und wieder, so lange, bis sie wegsortiert sind.« Die Selbstverständlichkeit, mit der sie über die Dinge sprach, tat mir gut. Zudem gab sie mir das Gefühl, dass das, was mich quälte, seinen Sinn hatte.

Heiliger Notfallmodus

Den Verlust eines geliebten Menschen als eine Form von Stress zu begreifen war für mich augenöffnend. Ich fing an nachzulesen, wie wir auf Stress reagieren – und fand fast alle Symptome, unter denen ich litt, schwarz auf weiß beschrieben.

Stehen wir unter akutem Stress, reagieren wir automatisch. Unser Körper ruft eine Art Notprogramm auf, das seit Urzeiten dasselbe ist und das unser Überleben sichern soll. Dabei werden massenhaft Stresshormone ausgeschüttet, wir kennen sie als Adrenalin, Noradrenalin oder Cortisol. Das sympathische Nervensystem* bereitet uns in Sekundenschnelle auf Kampf oder Flucht vor. Wir sind hellwach, Herzschlag und Blutdruck schnellen nach oben, unsere Muskeln sind aktiviert, die Verdauung wird eingestellt, wir haben keinen Hunger und müssen nicht mehr aufs Klo.

Das parasympathische Nervensystem ist der Gegenspieler des Sympathikus und eigentlich für die Entspannung zuständig. Stuft unser vegetatives Nervensystem eine Bedrohung als lebensgefährlich ein – wie beispielsweise bei einem traumatisierenden Ereignis –, kann es zum sogenannten *Freeze-* oder *Shutdown*-Modus kommen. Das parasympathische Nervensystem sorgt dann dafür, dass wir im Schock verharren – eben wie ein Tier, das sich totstellt, um zu überleben. Unser Herzschlag verlangsamt sich, die Bronchien werden verengt, das Blut verdünnt sich. Wir haben weiche Knie, Schwindel tritt auf, das Gefühl, ohnmächtig zu werden, macht sich breit – und manchmal schnürt sich unsere Kehle zu, wir bekommen keine Luft mehr. Die Forschung kennt für diesen Zustand einen speziellen Begriff: Immobilität. »Die letzte, aber keinesfalls unwichtige Funktion von Immobilität besteht darin, dass sie einen veränderten Bewusstseinszustand von tiefer Betäubtheit auslöst«, schreibt der US-amerikanische Trauma-

* Das sympathische Nervensystem (oder auch Sympathikus) ist Teil des sogenannten vegetativen Nervensystems. Dieses reguliert und steuert »autonom«, also ohne unser bewusstes Zutun, innerkörperliche Vorgänge.

forscher Peter A. Levine in seinem Buch *Sprache ohne Worte*. »In diesem Zustand sind extremer Schmerz und Schrecken gedämpft. (…) Dieser ›humane‹, schmerzstillende Effekt beruht auf der Ausschüttung von Endorphinen, dem körpereigenen, höchst wirkungsvollen Schmerzlinderungssystem auf der Grundlage von Morphium.«[28] Der Parasympathikus versetzt uns in diesem Moment also in eine Art Schutzzustand, um traumatische Erfahrungen aushalten zu können.

Länger anhaltender Stress hat unter anderem einen erhöhten Cortisolspiegel zur Folge. Dieser kann Konzentrationsprobleme, Gedächtnisverlust, Angstzustände, depressive Verstimmungen, Schlafschwierigkeiten und vieles mehr mit sich bringen, außerdem schwächt er das Immunsystem. Hallo, Halsschmerzen!

Ich hatte all das schon einmal gehört, aber wie mächtig diese Prozesse sind, wie sehr sie uns beeinflussen können, wurde mir erst bewusst, als ich sie selbst erlebte. Sie zu kennen hat mir geholfen, besser zu verstehen, was mit mir los war. Ich war nicht mehr wütend auf mich, im Gegenteil. Ich spürte Mitgefühl. In dem Moment, in dem mir klar wurde, was mein Körper leistete – welche Kämpfe er im wahrsten Sinne des Wortes austrug –, war es plötzlich nicht mehr rätselhaft, warum ich ständig erschöpft war. Trauer ist anstrengend – nicht nur emotional, sondern auch körperlich.

Die Kuschelhormonexplosion

Es ist kein Zufall, dass es mir langsam besser ging, als ich anfing, mich mit diesen Dingen zu beschäftigen. Ich ging dazu über, das, was mir passierte, als natürliche Reaktion auf eine extreme Form von Stress zu begreifen, und hörte auf, ständig darüber nachzugrübeln, ob irgendetwas mit mir nicht stimmte.

Auch das Umfeld von trauernden Personen sollte nicht in derlei Grübeleien verfallen: Es hilft nicht, wenn Familie und Freund:innen vor Sorge ganz aus dem Häuschen sind. Für mich waren die Menschen die größte Stütze, die mir das Gefühl gaben, dass das, was ich durchmachte, eben einfach dazugehörte. Dass ich etwas Schlimmes erlebt hatte und Zeit brauchte, um mit dieser Erfahrung klarzukommen und weiterleben zu können.

Der von meiner Therapeutin ins Rennen gebrachte Stress-Ansatz hat noch einen anderen Vorteil. Gegen Trauer kann (und sollte!) man nichts unternehmen. Gegen Stress schon. Es gibt viele kleine Dinge, die man tun kann, um sowohl die körperlichen als auch die psychischen Begleiterscheinungen von Trauer abzumildern. Meine erste Regel in den Jahren nach Stefans Tod lautete: Wenn die Wellen über mir zusammenschlagen, muss ich laufen, laufen. »Wer geht, löst sich aus der Erstarrung. Er flieht davor, eingefroren zu werden in seinem Zorn oder in seinem Schmerz. Er verschafft sich Abstand. Er versichert sich des eigenen Körpers. Er lebt.«[29], äußerte der israelische Schriftsteller David Grossman mal in einem Interview. Und ich bin viel gegangen, mehr als jemals zuvor in meinem Leben. Wohin war egal, ich lief einfach los, kreuz und quer durch meinen Kiez, oft stundenlang. Irgendwann hatte ich eine kleine Route. Am Landwehrkanal entlang, durch den Treptower Park bis in den Plänterwald. Spätestens wenn ich dort angekommen war, wurde ich ruhiger und konnte nach Hause gehen. Denn nicht nur Bewegung baut Stresshormone im Körper ab. Studien belegen, dass ein Spaziergang in der Natur den Cortisolspiegel und den Blutdruck senkt.[30] All das war mir damals nicht bewusst, ich tat einfach instinktiv das Richtige.

Je intensiver ich mich mit den Stoffwechselprozessen auseinandersetzte, die in unserem Körper vor sich gehen, während wir trauern, desto mehr faszinierte mich der Gedanke, dass viele Gesten, die wir als tröstlich empfinden, auch biochemische Auswirkungen haben. Dass man Trauernde umarmt, ihnen über die Wange streichelt, ihnen die Hand hält – all diese sozialen Gesten haben neben dem Trostspenden noch eine andere Funktion. Sie kurbeln die Ausschüttung von Oxytocin an, dem sogenannten Kuschelhormon. Und dieses Glückshormon fehlt uns, wenn wir trauern.* Insofern kann man sich als trauernde Person vielleicht gar nicht genug umarmen lassen – oder was auch immer kleine Oxytocinexplosionen in uns auslöst. Denn diese körpereigene hormonelle Miniapotheke kann ganz schön viel, was Trauernde dringend brauchen: Sie hilft gegen Stress, wirkt beruhigend und führt zu Wohlbefinden und Entspannung.

* Forscher haben herausgefunden, dass Menschen, deren Partner:in stirbt, eine erhöhte Aktivität eines speziellen Stresshormons aufweisen. Es trägt den Namen Corticotropin-Releasing Factor, kurz CRF, und sorgt dafür, dass die Produktion von Oxytocin im Körper fast vollständig eingestellt wird.

Meine Beschäftigung mit diesen physischen Vorgängen führte sogar dazu, dass ich meine Meinung zu Antidepressiva und Trauer änderte. Nach Stefans Tod hatte ich mich in erster Linie deswegen gegen Antidepressiva entschieden, weil ich befürchtete, meine Trauer damit zu unterdrücken. Noch heute bin ich mit dieser Entscheidung zufrieden. Wir sollten Antidepressiva nicht nehmen, weil wir unsere Trauer mit Depressionen verwechseln oder glauben, dass irgendetwas mit ihr nicht stimme. Und trotzdem gibt es Situationen, in denen es gute Gründe dafür gibt, Medikamente zu nehmen. Denn die körperlichen Auswirkungen von Trauer können massiv sein. Manchmal führen sie dazu, dass wir in ein emotionales Loch fallen, aus dem wir mit eigener Hilfe nicht mehr herauskommen. Zudem können Depressionen von Trauer getriggert werden. Da ist Erfahrung und genaues Hinsehen gefragt, und sicher ist eine professionelle therapeutische Begleitung immer anzuraten. Wenn es sein muss, können Psychopharmaka dabei helfen, wieder in einen stabileren Zustand zu geraten. Unsere Trauer unterdrücken wir damit nicht – nur einige ihrer extremen Begleiterscheinungen.

Körpergedächtnis

Wenn ich nicht von selbst an bestimmte Jahrestage denke, erinnert mich mein Körper mit schöner Regelmäßigkeit daran. Zweimal im Jahr macht sich in mir eine spezielle Form der Erschöpfung breit, die mich steinschwer nach unten zieht. Das erste Mal findet um meinen Geburtstag im April herum statt – der Tag, an dem ich von Stefans Tod erfuhr.

Das zweite Mal an seinem Geburtstag im Oktober. In den ersten drei Jahren waren diese Termine in mich wie eingebrannt. Ich hätte sie nicht vergessen können. Danach traten sie ein wenig in den Hintergrund. Doch die Rechnung hatte ich ohne meinen Körper gemacht. Als ich einmal auf einem Konzert in meinen Geburtstag hineinfeierte, fing ich um kurz vor zwölf plötzlich unkontrolliert zu zittern und zu weinen an, so sehr, dass ich rausgehen und mich hinsetzen musste, bis das Ganze nach einer halben Stunde abflaute. Kurz vor zwölf. Um diese Uhrzeit hatte meine Freundin vier Jahre zuvor an der Tür geklingelt und mir die Nachricht von Stefans Tod überbracht.

Zuerst schockierte mich dieses Erlebnis, doch vielleicht hatte es auch etwas Gutes. Peter A. Levine, der sich intensiv damit beschäftigt, wie unser Körper Traumata verarbeitet, beschreibt Zittern als eine Selbstheilungsreaktion des Körpers. Eine, die keinesfalls unterbunden werden sollte. Sie dient dazu, die hormonell freigesetzte Energie loszuwerden, das Nervensystem wieder herunterzufahren und so die Psyche zu stabilisieren. Mithilfe solcher Reaktionsmuster und ähnlicher Prozesse, die man auch therapeutisch in Gang setzen kann, lassen sich Traumata auch noch Jahre nach dem traumatisierenden Erlebnis behandeln.

Trauer ist also auch körperliche Schwerstarbeit. Die physischen Symptome, mit denen Trauer uns überraschen kann, folgen keinem wirklichen Fahrplan. Ich habe in der Zeit nach Stefans Tod mehr geschlafen und gegessen als je zuvor. Andere haben keinen Appetit, sind hyperaktiv und finden keinen Schlaf. Auch Kopfschmerzen, Migräne, Verspannungen, Rückenschmerzen und Verdauungsprobleme, die sich über Jahre hinziehen, sind keine Seltenheit. Das ist mitunter ganz schön starker Tobak, stimmt. Aber es ist auch die Sprache der Trauer. Und wir können sie verstehen lernen.

Buch: Katherine May, *Überwintern. Wenn das Leben innehält*
Song: Erica Freas, *Please Go Walk In The Rain*
Serie: *BBC Life mit David Attenborough*

7 Durch Pfützen springen

Über Kinder und Trauer

> Lange saßen sie dort und hatten es schwer,
> doch sie hatten es gemeinsam schwer, und das
> war ein Trost. Leicht war es trotzdem nicht.
>
> ASTRID LINDGREN, RONJA RÄUBERTOCHTER

Der Tod macht auch vor Kindern nicht Halt. Kinder sterben und Kinder trauern. Das ist schlimm, für viele ist es das Schlimmste, was sie sich vorstellen können. Also holen wir das Thema aus der Angstecke hervor. Reden wir darüber, damit wir es einordnen können.

Nehmen wir beispielsweise das Adjektiv *verwaist*. Seine Bedeutung leitet sich von beraubt und getrennt her; es zeigt auf das Fehlende, auf eine Beziehung mit Leerstelle. Ursprünglich verwies es auf Waisen: Kinder, deren Eltern gestorben waren. Heute wird es für alle verwandtschaftlichen Beziehungen verwendet.* Jedes Familienmitglied kann verwaist sein:

* Es gibt auch vereinzelt Verwendungen, die darüber hinausgehen. Ich bin dafür, es für alle Beziehungen zu benutzen, die irgendwas mit Liebe zu tun haben. Denn es gibt verwaiste Freund:innen, Partner:innen, Stiefeltern, Tanten und vieles mehr.

Ich bin verwaiste Schwester und Halbwaise. Frühverwaist sind Eltern und Geschwister, wenn ihr (Geschwister-)Kind kurz vor, während oder nach der Geburt stirbt. Meine Mutter ist demnach eine früh- und spätverwaiste Mutter. Denn ich habe noch einen Bruder, das älteste von uns Kindern – André.

In der Schrankwand, die einen großen Teil der Stube unserer Platte ausmachte, gab es eine Schublade mit Fotoalben, Geburtsurkunden und Impfpässen. Wenn ich allein zuhause war, zog mich die Schublade magisch an. Dann befolgte ich streng ein mir selbst auferlegtes Ritual: Bevor ich mein Baby-Fotoalbum und das meines Bruders anschauen durfte, mussten zunächst Geburts- und Sterbeurkunde von André ausgelegt werden. Die amtlich darauf festgehaltenen Daten lagen 14 Tage auseinander.

Die beiden Urkunden führen in die beginnenden 1970er-Jahre zurück, in die tiefste Provinz der ehemaligen DDR: Meine Mutter, 19 Jahre alt, frisch verheiratet, freute sich auf ihr erstes Baby. Schwangerschaft und Geburt verliefen ohne Zwischenfälle. »Ich dachte, es wäre alles in Ordnung«, erzählt sie heute. »Andrés erster Schrei war ein bisschen kläglich, aber ich hielt das für normal, und ich war sehr erschöpft.« Dann brach plötzlich große Hektik aus, das Kind wurde in ein anderes Zimmer gebracht, meiner Mutter Blut abgenommen. Ihre immer panischer werdenden Nachfragen blieben unbeantwortet, stattdessen spritzte man ihr Beruhigungsmittel. Später erfuhr sie, dass ihr Sohn wegen akuten Sauerstoffmangels mit Sirenen und Blaulicht auf die Neugeborenenstation im Krankenhaus der nächstgrößeren Stadt gebracht worden war. Sie kann sich nicht daran erinnern, darüber informiert worden zu sein, was ihrem Kind fehlte und wie es ihm ging. Von ihrem Baby getrennt musste sie im Entbindungskrankenhaus verbleiben.

Sieben Tage verharrte sie in einem Zimmer mit fünf anderen Wöchnerinnen, deren Kinder alle paar Stunden zum Stillen hereingeschoben wurden. Sieben Tage lang war sie dort Trauer, Angst, körperlichen Schmerzen und einem kaum auszuhaltenden Nichtwissen ausgeliefert, dann wurde sie nach Hause entlassen. Ohne Kind. André war noch immer in der Klinik. Die Diagnose lautete: angeborener Herzfehler. Sobald meine Mutter in der Lage war, eine Zugreise anzutreten, besuchten meine Eltern ihren Sohn. Er lag in einem Inkubator, sie durften seinen Fuß streicheln. In der folgenden Nacht schlief meine Mutter zum ersten Mal wieder durch. Am nächsten Morgen klebte ein Telegramm am Briefkasten: André verstorben.

Glückloser Anfang

In unserer gesellschaftlichen Erzählung vom Kinderkriegen kommt der Tod selten vor. Gerade in diesem Zusammenhang spricht man lieber nicht über ihn. Das ist schlimm, weil es sehr, sehr viele betroffene Familien gibt. In der Bundesrepublik ist die Kindersterblichkeit laut Statistischem Bundesamt zwischen null und einem Lebensjahr im Vergleich zu der anderer Altersklassen am höchsten. Es ist also keine Seltenheit, dass Babys sterben. Fälle, in denen das Ungeborene verstirbt, sind sogar noch häufiger: Statistiken legen nahe, dass fünfzig bis siebzig Prozent aller Schwangerschaften vorzeitig enden.

Einige Menschen müssen sich sogar mehrmals mit diesem Schicksalsschlag auseinandersetzen.[31]

Schwangerschaft wird oft als etwas Selbstverständliches dargestellt, das alle Beteiligten sehr froh macht und am Ende ein gesundes Kind hervorbringt: glücklich, glücklicher, am glücklichsten. Die paar Beschwerden und die Schlaflosigkeit, nun ja, das gehört halt dazu, da muss man durch. Soweit die Erzählung. Das Leben sieht anders aus.

Die Entscheidung, ein Kind bekommen zu wollen, ist der Anfang eines Weges, dessen Verlauf und Ende ungewiss sind. Nicht nur Statistiken, auch die Erfahrungen vieler Menschen sprechen eine klare Sprache: Kinderkriegen heißt auch, dass Dinge schiefgehen. Nicht umsonst treffen wir Vorkehrungen und überwachen den Gesundheitszustand der Schwangeren und des Ungeborenen engmaschig. Vorsorgeuntersuchungen, Feindiagnostik, Nackenfaltenmessung, Fruchtwasseruntersuchungen und etliches mehr stehen im Mutterpass. Ein Anrecht auf ein Happy End gibt es aber nicht. Es kann schon am Schwangerwerden scheitern, zu jedwedem Zeitpunkt der Schwangerschaft, während der Geburt oder Monate danach. Es kann sogar passieren, dass alles gut geht und man trotzdem unglücklich ist.

All diese Szenarien werden viel zu selten besprochen, weder privat noch in den öffentlichen Debatten. Wenn dann etwas schiefgeht und die Einfach-glücklich-Erzählung nicht mehr passt, kommt zu dem Schmerz über den Verlust ein kaum zu ertragendes Gefühl der Isolation hinzu. Denn anscheinend klappt es ja bei allen anderen, nur man selbst ist gescheitert. Und das stimmt eben nicht, ich muss es noch einmal wiederholen: Über den Daumen gepeilt erlebt jede sechste Schwangere Probleme oder Verluste rund um die Schwangerschaft.[32]

Vor ein paar Jahren saß ich bei einem Kindergeburtstag auf dem Sofa und unterhielt mich bei einer Apfelschorle mit anderen Eltern. Eine Frau war schwanger, und nach ihrem Befinden gefragt antwortete sie, dass sie fast wahnsinnig vor Angst sei, weil sie vor dieser Schwangerschaft zwei Fehlgeburten erlebt habe. Es verstrich etwas Zeit, bis alle das Gesagte verdaut hatten. Aber dann begannen auch andere Paare von ihren Fehlgeburten, Schwangerschaftsabbrüchen, glücklosen Versuchen, schwanger zu werden, und von ihren Ängsten zu sprechen. Währenddessen rannten Kinder herum, kletterten auf Schöße, wurden gefüttert. Genauso ist es: schön und beschissen existieren nebeneinander. Auf dieser Geburtstagsfeier wurde das zugelassen. Wir hielten es aus, und das fühlte sich verdammt gut an.

In der breiten Öffentlichkeit sind die Fakten über die Sterblichkeit am Anfang des Lebens jedoch noch lange nicht angekommen. Das Tabu, über die Möglichkeit oder Realität eines solchen Verlustes zu sprechen, ist noch immer sehr wirkmächtig. Das führt dazu, dass Schwangere nicht ausreichend über die verschiedenen medizinischen Möglichkeiten informiert sind, sollte die Schwangerschaft vorzeitig enden. Verstirbt beispielsweise ein Fötus vor der 24. Woche, gilt die Ausschabung des Uterus (Kürettage) als medizinischer Standard und wird oft als Behandlung empfohlen, die man schnellstmöglich durchführen sollte. Die Gynäkolog:in überweist die Patient:in meist direkt ins Krankenhaus, wo durch einen operativen Eingriff der tote Fötus und das umliegende Gewebe entfernt werden. Es ist kaum verwunderlich, dass viele Betroffene diesen Vorgang als traumatisch empfinden.

Was also tun? Wenn medizinisch nichts dagegenspricht, ist es völlig ok, sich nach der Diagnose erst einmal Zeit zu nehmen – um die Information zu verarbeiten und vielleicht auch eine zweite Meinung einzuholen, beispielsweise von einer Hebamme. Es gibt nämlich auch die Option, unter ärztlicher Aufsicht auf einen natürlichen Abgang zu warten oder ihn medikamentös zu unterstützen. Studien haben gezeigt, dass es Personen, die sich für das Abwarten entschieden, sechs Wochen nach der Diagnosestellung psychisch wesentlich besser ging als denjenigen, die sich einer Kürettage unterzogen hatten.[33] Es ist so wichtig, Zugang zu diesem Wissen zu haben. Gute Berater:innen klären Betroffene über alle Möglichkeiten auf und verhelfen ihnen in einem solchen Ausnahmezustand zu einer selbstbestimmten Entscheidung. Diese Chance sollten wir unbedingt nutzen!

Mein liebes Sternenkind

Die Erzählung von der glücklichen Schwangerschaft ist kein harmloses Klischee. Es befördert die soziale Isolation, Traumatisierungen und erschwerte Trauerprozesse. Vor allem werden betroffene Familien nicht ausreichend wahrgenommen und viel zu selten mit begleitenden Hilfsmaßnahmen versorgt. Wie diese Hilfen aussehen können, zeigt etwa die Psychosoziale Elternberatung der Charité in Berlin. Gemeinsam mit Dr. Lars Garten leitet Kerstin von der Hude diese Einrichtung. Ein Teil ihres Aufgabenbereichs sind die sogenannte palliative Geburt – ich komme noch darauf zurück – und die Trauerbegleitung. Ihre Arbeit beginnt, sobald ein noch ungeborenes Kind mit großer Wahrscheinlichkeit nach der Geburt nicht oder nur kurz leben kann, beispielsweise aufgrund schwerer Fehlbildungen. Im Gespräch »Wir wollten ihn erst begrüßen« erzählen Rebecca und Andy von der Schwangerschaft und Geburt ihres Sohnes Luka, der in der 22. Schwangerschaftswoche eine Diagnose gestellt bekam, nach der er nicht lebensfähig sein würde.

Hierzulande ist in einem solchen Fall ein Schwangerschaftsabbruch vorgesehen. Laut Kerstin von der Hude ist es jedoch für den Trauerprozess von enormer Bedeutung, dass die Eltern ihr Kind kennenlernen, egal ob es still geboren wird oder nach der Geburt noch eine kurze Zeit zu leben hat. Bei einer palliativen Geburt, die eine wertvolle Alternative zum Schwangerschaftsabbruch ist, wird das Kind auf natürlichem Weg geboren. Dabei wird es medizinisch versorgt, sodass es keine Schmerzen hat, und schließlich im Sterbeprozess begleitet. »Den Gedanken weisen viele Eltern zunächst entsetzt von sich«, erzählt von der Hude. »Das liegt oft daran, dass sie nicht wissen, was sie erwartet, und sie große Angst haben, der Situation nicht gewachsen zu sein oder dem Kind zusätzliches Leid zuzumuten.«

Im Nachhinein sind Eltern jedoch oft dankbar dafür, die kurze Zeit mit ihrem Kind verbracht zu haben, weil jede gemeinsame Minute zählt, jede Erinnerung, jedes Foto* wertvoll ist. Das gilt sogar besonders, wenn das Kind schon verstorben

* Es gibt ehrenamtlich arbeitende »Sternenkindfotograf:innen«, die in die Klinik kommen, um frühverstorbene Kinder zu fotografieren.

ist. Eltern und Geschwister erhalten dann die Möglichkeit, sich zu verabschieden. »Oft fallen Sätze wie ›Jetzt wollen wir es in Erinnerung behalten, wie es war‹ oder ›Das muss man auch mal abschließen‹ oder ›Wenn ich jetzt wieder damit anfange und mein Kind sehe, dann hört das ja nie auf‹« sagt von der Hude.[34] Das sind vollkommen nachvollziehbare Reaktionen. Aber wir wissen auch, wie enorm wichtig es für die eigene Trauererfahrung ist, die Realität des Todes mit allen Sinnen zu begreifen. Die Angst davor ist ok, aber wir können lernen, mit ihr umzugehen.

Caro hat während ihres Praktikums bei dem Bestatter Uller Gscheidel in Berlin eine solche Abschiednahme vorbereitet. Der Verstorbene war ein neugeborener Junge, der schon einige Tage in der Kühlung gelegen hatte und bereits sichtbare Hautveränderungen zeigte. Caro sorgte sich damals, wie die Eltern darauf reagieren würden, ob sie es schrecklich und grausam finden würden, ihr Baby so zu sehen. Aber das Gegenteil war der Fall: Sie berührten ihren Sohn, sie weinten, und sie fanden ihn wunderschön. Es ist eine Binse, aber eine zutreffende: Was man mit Liebe anschaut, ist schön.

Meine Eltern konnten sich nicht von André verabschieden. Alles wurde vom Krankenhaus erledigt, selbst die Beisetzung fand ohne sie in einem Gemeinschaftsgrab auf einem hinter dem Krankenhaus gelegenen Friedhof statt. Im Klartext heißt das: Verstorbene Kinder wurden vierteljährlich gesammelt, gemeinsam verbrannt und ihre Asche in einer Urne bestattet. Es ist unvorstellbar, was das für dieses junge Paar bedeutet haben muss: Ihr erstes Kind, das sie kurz nach der Geburt gehört und gesehen, dessen Fuß sie kurz berührt hatten, war einfach verschwunden. Irgendwo begraben, verscharrt, weit weg, ohne sie. Kein Foto erzählt von ihm, keine guten Erinnerungen. Nur zwei Urkunden, die eine Zeit von 14 Tagen umrahmen. Noch heute, fünfzig Jahre danach, ist da nur Schmerz.

Menschen, die um ungeborene Kinder trauern, hören oft Sätze wie »Ihr könnt ja wieder schwanger werden« oder »Es war ja noch gar kein richtiges Kind« oder – mein All-time-Bullshit-Favorit in allen Trauerfragen – »Vielleicht war es besser so«. Auch wenn ihr Verlust für das Umfeld nicht greifbar sein mag, für die Trauernden ist er Realität. Die Liebe beginnt doch nicht erst mit dem Geborenwerden, manchmal ist sie sogar schon vor der Befruchtung auf der Welt!

In vielen Fällen trauert nicht nur die Person, die schwanger war. Auch die Co-Eltern (meist, aber nicht immer, sind es Väter) brauchen im privaten Umfeld Verständnis und Fürsorge und wünschen sich mehr medizinische Informationen und eine direkte ärztliche Ansprache. Alles Denk- und Undenkbare rund um den Verlust eines Babys beschrieb die Psychologin Hannah Lothrop in ihrem Buch *Gute Hoffnung, jähes Ende*, das ich Betroffenen und allen, die ihnen nahestehen, sehr empfehle.

Offiziell und privat als Eltern anerkannt zu werden ist wichtig. Einen öffentlichen Platz zum Trauern zu haben auch. Auf einigen Friedhöfen gibt es mittlerweile spezielle »Sternenkinderfelder«, also Gräber von früh- oder still geborenen Babys, die oft mit bunten Spielsachen und Windrädern dekoriert sind. Bis 2013 war eine würdige Bestattung auf dem Friedhof nur für Kinder mit einem Gewicht ab fünfhundert Gramm erlaubt – dann erst gilt ein Kind in Deutschland als zu beurkundende Person und hat das Recht, bestattet zu werden. Verstorbene Kinder unter dieser Gewichtsgrenze galten zuvor als organischer Abfall, der gemeinsam mit anderem menschlichen Gewebe ordnungsgemäß verbrannt und im Anschluss dem Sondermüll zugeführt wurde.

Heute haben alle Sternenkinder, egal wie viel sie wiegen, einen Rechtsanspruch auf eine Friedhofsbeisetzung. Das ist einer Elterninitiative zu verdanken, die 2013 eine Änderung des Personenstandsrechts durchsetzte.[35] Demnach sind nun alle totgeborenen Kinder unabhängig von ihrem Gewicht als Person anerkannt, und Eltern haben die Möglichkeit, die Geburt standesamtlich beurkunden zu lassen und damit offiziell als Eltern zu gelten. Aber zwischen dieser gesetzlichen Veränderung und einer Wandlung des öffentlichen Bewusstseins liegt noch ein weiter Weg. Eltern eines Sternenkindes, die auf staatliche Hilfen bei den Beerdigungskosten angewiesen sind, schauen nämlich in manchen Regionen Deutschlands in die Röhre. Das Landessozialgericht Nordrhein-Westfalen etwa entschied 2019, dass Eltern hierbei kein Anspruch auf Sozialleistungen zustehe, da sie nicht zur Beerdigung verpflichtet sind.[36]

Dass sich Informationslage und Hilfsangebote im Vergleich zu den 1970er-Jahren der ehemaligen DDR dennoch verbessert haben, ist Institutionen wie der Initiative Regenbogen »Glücklose Schwangerschaft« e. V. oder dem Bundesverband Verwaiste Eltern und trauernde Geschwister in Deutschland e. V. (VEID) zu verdanken, die seit den 1980er-Jahren (damals noch in der ehemaligen Bundesrepublik) einen anderen Umgang mit Sternenkindern und deren

Eltern einfordern. Sie leisten bis heute wichtige politische und gesellschaftliche Arbeit, die unbedingt unterstützenswert ist.

Einblenden statt ausblenden

André hat zwar kein Grab, aber einen festen, wenn auch zwiespältigen Platz in unserer Familie. Meine Mutter tröstete sich in ihrer Trauer mit Sätzen wie »Erst als ich wieder schwanger war, ging es mir besser« und »Ich wollte immer zwei Kinder«. Da die kindliche Vorstellung auf ihre Weise Sinnzusammenhänge baut, sorgten die beiden Äußerungen dafür, dass mein Bruder und ich uns schuldig fühlten. Wir gelangten zu der Überzeugung, dass wir unsere Existenz nur dem Tod unseres ältesten Bruders zu verdanken hatten: Mein Bruder, weil er sich als Ersatz fühlte, und ich, weil ich Kind Nummer drei war und darum eigentlich nicht vorgesehen. Wir waren keine akut trauernden Kinder, hatten jedoch eine spezielle Form des Verlusts zu verarbeiten: Obwohl er vor unserer Geburt lag, ragte er tief in das komplizierte Beziehungsgeflecht Familie hinein.

Geschwisterkinder gehören auch zur Trauergemeinschaft, wenn eine Familie frühverwaist. Expert:innen wie Kerstin von der Hude raten dazu, sie unbedingt einzubeziehen, egal wie alt sie sind. Ihr Geschwisterkind kennenzulernen ist äußerst hilfreich. Wenn sie sich vom toten Körper verabschieden, ermöglicht ihnen das, eine greifbare Beziehung zu diesem Kind herzustellen. Dann wird es nicht zu dem Phantom, das André für uns war.

Ein besonderer Fall von Geschwistertrauer liegt vor, wenn bei einer Mehrlingsschwangerschaft ein Kind verstirbt, die Brüder oder Schwestern aber überleben. Diese Geschwisterkinder fühlen sich später oft schuldig, und auch ihnen kann es helfen, sich zu verabschieden oder möglichst viele Fotos der gemeinsam geborenen Kinder zu haben: im Inkubator, auf dem Arm der Eltern, im Bettchen nebeneinander oder eben nur auf einem Ultraschallbild. Einblenden statt ausblenden, das macht es später ein bisschen leichter.

Sich die Trauer zuzumuten befördert die Resilienz – das gilt auch für Kinder. Sie wollen Teil ihrer trauernden Familie sein. Sie wollen einbezogen werden und teilhaben. An den Dingen, die erledigt werden müssen, und an den Ritualen, die mit dem Tod verbunden sind. Sie wollen etwas tun, sie wollen helfen.

Moni Knese, Expertin in Sachen Kindertrauer beim ambulanten Hospizdienst der Kinderhilfe e.V., erzählt, dass Kinder sich sogar alleingelassen fühlen, wenn man sie nicht einbezieht. Sie finden dann weder Zugang zum Geschehenen noch zu ihren Gefühlen. Kinder, betont sie, trauern um alle möglichen Verluste und Veränderungen. Das kann ein Umzug sein, eine Trennung, ein Abschied und eben auch der Tod eines nahen Menschen oder Tieres. Bis zu einem Alter von etwa drei Jahren haben Kinder kein Zeitgefühl und darum auch kein Konzept von Endlichkeit. Sie trauern mit ihrem Umfeld – sie sind traurig, weil die anderen so traurig sind. Erst ab einem Alter von etwa sieben Jahren sind sie in der Lage, die Endgültigkeit des Todes zu begreifen. Sie wissen, dass wir alle sterben werden, auch sie selbst. Wenn dann ein Todesfall in der Familie vorkommt und dieses abstrakte Wissen auf die Realität eines Verlustes trifft, kann das sehr heftige Reaktionen auslösen.

Der siebenjährige Sohn meiner Freundin hatte nach dem Tod seiner Urgroßmutter viele Fragen zu Tod und Sterben. Seine beiden Mütter haben ihm aufmerksam und liebevoll geantwortet – und er war drei Tage lang völlig neben der Spur. Tagsüber zog er sich zurück, und nachts schlief er nicht alleine, sondern schlüpfte in ihr Bett. Seine Mütter waren besorgt, ob sie ihn mit ihren ehrlichen Antworten nicht doch überfordert hätten. Kneses Antwort darauf finde ich sehr beruhigend: »Er hat zum ersten Mal vollständig begriffen, dass alle sterben werden: sein Bruder, seine Mütter, sein Vater, er selbst. Diese Erkenntnis zu verkraften ist für die meisten

Menschen eine lebenslange emotionale Herausforderung. Sie in drei Tagen so weit zu verarbeiten, dass das innere Gleichgewicht wieder stimmt, ist doch wirklich eine großartige Leistung!«[37]

Um keine unbegründeten Ängste aufkommen zu lassen, brauchen Kinder konkrete Informationen. Als meine Großmutter eines Sonntagmorgens an unserer Haustür Sturm läutete und völlig aufgelöst die Wohnung betrat, war das Erste, was sie sagte: »Opa ist eingeschlafen!« Ich war acht Jahre alt und dachte, na und? Mein Bruder erklärte mir später, was der Ausruf wirklich bedeutete und dass Erwachsene denken, wenn sie es schöner ausdrücken, dann ist es nicht so schlimm. Was für ein Quatsch! Solche Beschönigungen können im Gegenteil zu Schlaf- oder gar Angststörungen führen. Ich hatte zwar keine Angst, fühlte mich aber verspottet! »Glauben die, ich bin dumm und merke nicht, dass hier etwas nicht stimmt? So drehen sie doch nicht durch, wenn jemand eingeschlafen ist!«

Einem Kind die Wirklichkeit zuzumuten heißt auch, es ernst zu nehmen. Ihm also wahre und altersgerechte Antworten zu geben. Das klingt nicht leicht, und das ist es auch nicht, besonders dann nicht, wenn man selbst gerade akut trauert. Hier können beispielsweise andere erwachsene Personen helfen, die sich um das Kind kümmern. Am besten jemand, die oder der emotional nicht so stark betroffen ist. Ein Freund vielleicht, der dem Kind und seinen Fragen Aufmerksamkeit schenkt und es als Ansprechpartner begleitet, zum Beispiel bei der Beerdigung. Eine Freundin, die mit dem Kind dem Bagger beim Ausheben des Grabs zuschaut, während die anderen die Trauerrede hören. Oder mit dem

Kind im Sandkasten die Beerdigung nachspielt, während die anderen beim Leichenschmaus sitzen. Meine damals elfjährige Tochter hat während der Trauerfeier für meine Großmutter einen Lachkrampf bekommen, als die Urne zu den Klängen von »Hoch auf dem gelben Wagen« hinter den ominösen Samtvorhang fuhr. Es wäre so gut für sie gewesen, wenn sie mit jemandem hätte vor die Tür gehen und das Lachen dort rauslassen können. Stattdessen hat sie sich durchgequält, die Arme.

Pfützentrauer

Kinder trauern ebenso individuell wie Erwachsene. Es gibt aber eine Verhaltensweise, die viele trauernde Kinder gemeinsam haben: Sie wechseln häufig von tiefer Trauer in einen alltäglichen Gemütszustand und wieder zurück. Dieses Verhalten hat sogar einen Namen: Pfützentrauer. Das Kind springt also ab und an unversehens in eine metaphorische Trauerpfütze und verlässt diese ebenso plötzlich wieder. Konkret heißt das, Kinder gönnen sich Pausen vom Trauern. Das ist ein fantastischer Selbstschutz des sich entwickelnden Gehirns. Und es verwirrt die (älteren) Mitmenschen oft gehörig. Manchen kommt es vor, als würde das Kind nicht richtig trauern. Das ist natürlich Unsinn. Solche Unterstellungen sind schmerzhaft, sie rufen im Kind das Gefühl hervor, etwas falsch zu machen, und lösen Scham aus. Ich kann ein Lied davon singen, denn ich bin bekennende, wenn auch in die Jahre gekommene, Pfützentrauerin!

Wenn sich Kinder geschützt und sicher fühlen, dann lassen sie, wenn sie gerade in einer Pfütze stehen, ihre Trauer mit voller Wucht zu. Diesen Schmerz gemeinsam mit dem Kind durchzustehen ist für die Bezugspersonen keine kleine Herausforderung. Aber die Trauer kann nicht weggepustet werden, da hilft kein Eis, auch nicht mit Streuseln, da heißt es: da sein und aushalten. Auch wenn sich jede Elternfaser dagegen sträubt und am liebsten einen dichten Schmerz-Bannkreis um das Kind ziehen will.

Die Realität der Trauer anerkennen und sie aushalten heißt: Immer da sein, wenn der Schmerz kommt. Körperliche (oder, wenn es nicht anders geht, telefonische) Nähe und Zeit sind essenziell. Niemals dürfen Erwachsene genervt reagieren. Es verletzt ein Kind zutiefst, wenn es sich öffnet und statt Liebe und Trost Entnervung und Ablehnung zu spüren bekommt. Der Satz »Irgendwann ist auch mal gut!« darf, sooft man ihn auch denken mag, nicht ausgesprochen werden. Kurz nach dem dramatischen doppelten Meerschweinchen-Verlust meiner Tochter habe ich mir während der intensiven Trauerbegleitung einstündige Spaziergänge allein gegönnt, bei denen ich telefonieren oder einfach laut Musik hören konnte, um meine Reserven aufzufüllen. Die brauchte ich dringend. Ich kann mir kaum vorstellen, dass eine ebenfalls trauernde Person das ohne Hilfe leisten kann.

Was alle Kinder nach einem Verlust brauchen, lässt sich klar sagen: Sicherheit, Schutz und Bindung. Aber eigentlich brauchen das ja alle Menschen, auch die ausgewachsenen.

Buch: Ariel Levy, *Gegen alle Regeln*
Song: David Bowie, *Changes*
Film: *Mein Nachbar Totoro*

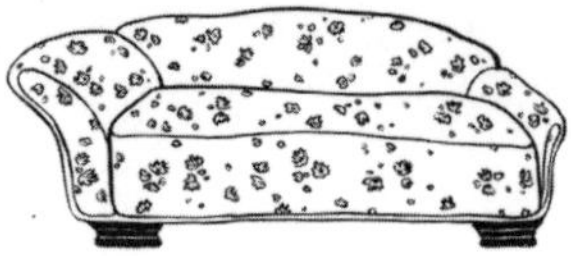

Im Gespräch mit Rebecca Randak und Andy Steingrüber

Wir wollten ihn erst begrüßen

Es ist schon dunkel in Kreuzberg, aber noch spätherbstlich warm, als wir an der Haustür von Rebecca Randak und Andy Steingrüber klingeln. Vor dem Späti nebenan sitzen ein paar junge Männer mit einem Hund, gegenüber sind Tische an der Hauswand angebracht, auf denen flackernde Kerzen stehen und schicke Drinks, die von hippen jungen Menschen getrunken werden. Rebecca ist Gründerin des Online-Magazins *Fuck Lucky Go Happy*, in dem es größtenteils um Yoga und Spiritualität geht. Im Oktober 2019 veröffentlichte sie dort einen Beitrag mit dem Titel »Vater, Mutter, kein Kind. Die Geschichte meines kleinen Sohnes«. Darin erzählt sie von ihrer Schwangerschaft mit Luka, den sie, kaum geboren, wieder verabschieden musste. Heute lebt das Paar zusammen mit Jora, ihrer einjährigen Tochter.

Noch während wir den Klingelknopf drücken, fragen wir uns erschrocken, ob das keine Dummheit ist, schließlich wissen wir, dass das Baby schläft. Aber aus der Gegensprechanlage kommt ein freundliches »Hallooo«, und wir werden eingelassen. Rebecca und Andy begrüßen uns mit einer Umarmung (wir sind alle geimpft und frisch getestet), dann führen sie uns ins Wohnzimmer, wo wir auf der großen gemütlichen Couch Platz nehmen. Auf der Armlehne liegen Fotos. »Wir haben eben noch mal in der Fotobox gekramt«, sagt Rebecca und zeigt uns die Bilder. Auf einem liegen sie und Andy auf einer Matratze in dem Wohnzimmer, in dem wir gerade versammelt sind, zwischen ihnen ein kleines Baby. »Das ist Luka«, erklärt uns seine Mutter, »kurz nach der Geburt.«

Wie ist Lukas Geschichte? Wollt ihr sie kurz erzählen?
REBECCA: *Kurz?!* (*Sie atmet tief aus*). Also gut, ich war schwanger, zum ersten Mal. Alles war super easy und ich ziemlich unbedarft. Wir hatten uns dagegen entschieden, zu oft Ultraschallbilder machen zu lassen, wir dachten, die meisten Kinder kommen ja gesund auf die Welt. Um eventuelle Ausschlusskriterien für die Hausgeburt abzuklären, wollten wir in der 22. Schwangerschaftswoche ein Organscreening machen. Auf dem Weg zur Frauenärztin haben wir noch überlegt, ob wir uns sagen lassen wollen, ob es ein Junge oder ein Mädchen ist.

Dass dieser Termin unsere Leben für immer verändern würde, hätten wir nicht gedacht: Wir erfuhren, dass unser Baby, ein Junge, eine genetische Besonderheit hat: Trisomie 13, eine Erkrankung, die zu schweren organischen Fehlbildungen führt. Das bedeutete, dass unser Kind nicht leben können würde.

Wie ging es dann weiter?
REBECCA: Wir haben uns für das Weitertragen entschieden. In solchen Fällen entscheiden sich viele Eltern für einen Abbruch der Schwangerschaft. Das ist auch völlig legitim, ich bin gegen eine Glorifizierung des Weitertragens. Aber für uns hat sich das nicht passend angefühlt. Wir wollten unserem Sohn die Zeit geben, die er hatte.
ANDY: Ohne dass wir drüber gesprochen hätten, war für uns beide klar, dass wir die Schwangerschaft nicht beenden wollen. Zu dem Zeitpunkt war der Bauch ja schon sichtbar.
REBECCA: Und Luka war ja schon da, als Baby in meinem Bauch, das gestrampelt hat. Und ich hatte immer dieses Bild im Kopf: Wenn wir uns gegen das Austragen der Schwangerschaft entscheiden, muss ich irgendwann in so ein Auto steigen und zur Abtreibung fahren.

Wurdet ihr von eurer Ärztin beraten?
ANDY: Die Frauenärztin war sehr vorsichtig und in der Kommunikation sehr einfühlsam.
REBECCA: Sie hat uns auch direkt an das Team von Kerstin von der Hude und Dr. Lars Garten in der Charité verwiesen, das auf die Begleitung solcher Entscheidungen und Palliativgeburten spezialisiert ist. Ich weiß, dass das eher selten passiert, oft wird werdenden Eltern nicht aufgezeigt, welche Möglichkeiten sie haben.
ANDY: Wir hatten, wie heißt es so schön, Glück im Unglück, dass wir nicht direkt eine Überweisung zum Krankenhaus bekommen haben. Solche Geschichten haben wir auch gehört.

Ist es nicht sehr beängstigend, im Ungewissen darüber zu sein, ob dein Kind bei dir im Bauch stirbt oder auf die Welt kommt und dann stirbt?
ANDY: Es gab noch die Option – sie war sehr unwahrscheinlich, aber sie bestand –, dass er vielleicht eine Woche, zwei Wochen, einen Monat, ein halbes Jahr leben würde.
REBECCA: Oder auch ein Jahr. Die Situation war also: Vielleicht müssen wir uns auch auf ein Leben mit einem schwerstbehinderten Kind einstellen. Das ist noch mal was ganz anderes, als das Kind nach der Geburt zu verabschieden. Wahrscheinlich war, dass Luka entweder noch im Bauch sterben würde oder kurz nach der Geburt. Ich bin monatelang davon ausgegangen, dass mein Kind jeden Moment stirbt.

Was macht man, um mit so einer Situation zurechtzukommen? Hattet ihr Hilfe, Unterstützung?
REBECCA: Ohne unsere Hebamme hätte ich diese Zeit nicht überlebt. Gerlinde ist seit über dreißig Jahren Hausgeburtshebamme, aber sowas wie bei uns hatte sie noch nie begleitet. Sie ist dageblieben, hat recherchiert und uns immer das Fenster Hausgeburt offengehalten. Wir wussten, dass es palliative Hausgeburten gab, aber das war für mich zunächst gar nicht das vorherrschende Thema. Erst einmal ging es darum, irgendwie mit der Situation und der Schwangerschaft klarzukommen. Dann machten wir einen Plan für eine Palliativgeburt oder eine stille Geburt in der Klinik, sollte Luka noch vor seiner Geburt sterben. Erst am Ende, als es Richtung Geburtstermin ging, entschied ich mich für die Hausgeburt. Ich habe bis zum Tag der Geburt gesagt: Wenn die Wehen losgehen, werde ich wissen, wo wir hingehen.

Lasst uns über die Geburt reden. Die Fotos von eurem Matratzenlager in der Wohnung zeigen eine sehr warme und gemütliche Atmosphäre …
ANDY: Ich habe ganz schöne Erinnerungen daran. Als Luki kam, hat das alles plötzlich Sinn gemacht, und es war ein sehr glücklicher Augenblick. Das war der Moment, in dem ich das Gefühl hatte, dass das Glück zurückkam. Das ist irgendwie absurd, weil ich das tote Kind in den Armen hatte – aber trotzdem war das so.
REBECCA: Es war so schön. (*Beide strahlen über das ganze Gesicht.*)

Hat Luka gelebt, als er auf die Welt kam?
REBECCA: Ja. Sterben war irgendwie gar nicht so wichtig. Beziehungsweise, wann er gestorben ist. Erstmal war da die Geburt. Jeder Mensch, der ein Kind geboren hat, weiß, dass das krass ist. Aber Lukas Geburt war so schön! Ich wollte erstmal feiern, dass er geboren ist, das war sehr wichtig für mich. Und dann war er da! Ein bisschen glitschig und schlapp, aber das war mir völlig egal, ich war so stolz, weil ich ein Kind geboren hatte. Er war so süß, und ich hab' ihn so mega lieb gehabt, vom ersten Moment an. Ich wusste gar nicht, ob er eigentlich lebt? Er hatte ein bisschen Herzschlag, aber die Augen hat er nicht aufgemacht. Dann lag er bei mir auf der Brust, und der Moment, in dem er gestorben ist, der war irgendwie nicht wichtig. Für mich nicht.
ANDY: Ich war auch stolz auf Luki! So viele Ärzte und Spezialisten haben immer gesagt, der schafft's nicht. Und dann kam er doch und hat 39 Wochen Schwangerschaft mitge-

macht, eine Geburt gerockt und hat gelebt, wenn auch nur für zwanzig Minuten.

Also wurde erst mal gefeiert!

ANDY: Ja, wir haben mit Crémant angestoßen. Mit Gerlinde.

REBECCA: Und dem Kinder-Palliativ-Team …

ANDY: … die dabei waren.

REBECCA: Leute, mit denen du nicht den Geburtstag deines Kindes feiern möchtest.

ANDY: Der Arzt, der den Tod feststellen musste, hat auch noch ein Glas mit uns getrunken. Es war alles sehr absurd. (*Er macht eine kurze Pause, schiebt sein Basecap zurecht, wischt sich über die Augen.)* Am nächsten Tag kamen dann unsere Familien und die besten, die ganz engen Freunde. Und Luki war noch da, er konnte für ein paar Tage bei uns bleiben. Und dann haben wir mit … um den Luki herum Pasta gegessen. Klar, er sollte ja auch einen Platz bekommen, und wir wollten ihn allen vorstellen, ihn herzeigen.

REBECCA: Diese Begrüßung war so essenziell. Wir brauchten sie, bevor wir ihn beerdigen konnten. Bevor wir weitergehen konnten, musste erst mal dieser Anfang da sein.

Irgendwann musstet ihr euch von ihm trennen und eine Beerdigung organisieren …

ANDY: Ja. Dann wurde es sehr schmerzlich. Als die Bestatterin ihn von uns abgeholt hat. Vor der Geburt hatten wir ja auch noch einen Kindersarg aussuchen müssen. Das war rückblickend der Horror …

REBECCA: … der stand bei uns in der Kammer. Der Sarg.

Es ist komisch, wie schrecklich und normal es gleichzeitig sein kann, einen Babysarg in der Kammer stehen zu haben.
ANDY: Die Vorstellung, dass eine Bestatterin mit meinem Sohn im Sarg die Treppe durch den Hausflur über die Straße läuft, fand ich wirklich schrecklich.
REBECCA: Das hat uns Angst gemacht, auch wegen der Nachbarn.
ANDY: Die Bestatterin hat das aber gut gemacht. Sie kam mit einer IKEA-Tasche und hat den Sarg dort hinein gepackt. Wir haben dann vom Balkon runtergeguckt, oder? (*Er schaut zu Rebecca*).
REBECCA: (*Nickt*). Wir haben gewunken, als sie weggefahren sind.
ANDY: Das war schon hart. (…) Und dann wurde Luki zwischengelagert, gekühlt bis zum Tag der Beerdigung.
REBECCA: Zehn Tage.
ANDY: Wir sind jeden Tag hingefahren und haben ihn besucht.
REBECCA: Das war eine wichtige Zeit. Bei Babys ist das so: Sie verwesen anders als Menschen, bei denen der Verdauungsapparat schon funktioniert hat. Sie riechen nicht so stark, aber irgendwann sehen sie nicht mehr so rosig aus. Zu sehen, okay, jetzt ist es irgendwie an der Zeit, dass wir ihn beerdigen, war für mich entscheidend. Zu checken, dass der Körper nicht bei uns bleiben kann.

Wie war die Beerdigung?

REBECCA: Wir haben eine große Beerdigung gemacht, mit allen, die in der Zeit für uns da waren, nicht nur enge Freunde, sondern alle, die wichtig gewesen waren. Wie das rein körperlich für mich möglich war, weiß ich im Nachhinein ehrlich gesagt auch nicht: Ich hatte ja immerhin auch ein Kind geboren.

Es war der schrecklichste Tag in meinem Leben. Ich lief wie auf Autopilot. Noch heute sehe ich das von außen – im Grunde war ich nicht da. Ich hatte die Wahl: Ich mach das jetzt, oder ich klappe zusammen. Aber ich wollte meinen Sohn ja bis zum Ende begleiten. In dieser abgespaltenen Außenperspektive war es auch eine schöne Trauerfeier, aber es fällt mir bis heute schwer, diesen Tag gefühlsmäßig zu begreifen.

ANDY: Ich habe den Trauerzug angeführt. Mit dem Sarg.

REBECCA: Andy mit dem Sarg im Arm. Ich hab' immer noch dieses Bild vor Augen, es ist einfach der Horror.

ANDY: Der Ort wiederum, wo Luki jetzt ist, ist wunderschön. Es ist ein Friedhof für Sternenkinder. Da gibt es unzählige Gräber von verstorbenen Babys, mir war gar nicht klar, wie viele es davon gibt. Alles ist ganz bunt, Windspiele und …

REBECCA: … Quatschspielzeug und Geschwisterkinder, die Spielzeug von den Gräbern klauen und so. Ein guter Ort.

Da ist Leben, wie schön. Habt ihr danach noch eine Trauerfeier gemacht?
ANDY: Wir sind mit allen etwas essen gegangen, und es war eigentlich ganz schön. Auch hier war wieder beides gleichzeitig da: Es war Horror und irgendwie auch schön. Ich glaube, das hat dann auch getragen.
REBECCA: Wenn Leben und Tod und auch noch Geburt aufeinandertreffen, wird alles andere scheißegal. Es ist einfach das, was ist. Und da hat sich bei mir und bei allen um uns eine ganz große Liebe gezeigt. Das ist es, was trägt. Und das ist es, was auch so schmerzt.

Seid ihr unterschiedlich mit der Trauer umgegangen?
ANDY: Ja, schon. Ich bin sofort wieder in die Arbeit und in den Alltag geflüchtet, aber die Trauer kam immer wieder durch. Ich dachte, dass ich das dosieren kann, aber ich wurde immer wieder ganz plötzlich von Momenten überrascht, in denen es mich eingeholt und umgehauen hat.
REBECCA: Nach der Beerdigung wurde es krass, auch für uns als Paar. Bis dahin war es ein Durchhalten, wir mussten zusammenhalten und hatten ja auch nur uns. (*Sie schaut zu Andy, der schwer atmet*). Aber nach der Beerdigung habe ich mich oft so allein gefühlt, auch mit meinem nachgeburtlichen Körper. Eine schwierige Zeit für uns. Wir hatten Stress miteinander, den wir nicht mehr allein lösen konnten. Also gingen wir zu einer Familienberatungsstelle und haben eine Paartherapie gemacht, was total wichtig war, damit wir das auch als Paar hinbekommen.

Gab es Orte oder Dinge, die euch während der Trauer geholfen haben?
REBECCA: Für mich war das Berlin. Und nach Lukis Tod auch der Friedhof. In der Zeit der Schwangerschaft war meine Yogapraxis das Wichtigste für mich. Wir haben beide zuhause die Matten ausgerollt und eine bestimmte Sequenz geübt, mit immer der gleichen Playlist – und auch getanzt, um körperlich klarzukommen. Das ist etwas, das mir grundsätzlich hilft. Ohne das wäre ich wahrscheinlich wahnsinnig geworden. Und es waren auch sehr schöne Momente.
ANDY: Mir haben die Dinge geholfen, die wir zusammen machen konnten: eben wie das Yoga. Auch das Singen, vor allem von Mantren, löst bei mir Emotionen aus – und wenn wir das gemeinsam gemacht haben, konnte ich auch weinen.
Drei Monate nach der Beerdigung wollten wir einen schönen großen Urlaub machen, einen Roadtrip. Wir haben uns vorgestellt, dabei loslassen zu können. Das hat nicht so richtig funktioniert …
REBECCA: … der blanke Horrortrip!
ANDY: Ja, es war kompliziert: Nichts hat richtig zusammengepasst, wir haben uns gestritten, und zur Krönung ist dann mein Papa gestorben, und wir mussten den Urlaub abbrechen. Er war krank, und es war absehbar, dass er sterben würde, aber dass sein Tod genau in diesen Urlaub fiel, für den wir uns Regeneration oder Reflexion erhofft hatten, war schon ein krasser Dämpfer.
REBECCA: Ich war noch nie so froh, wieder in Berlin zu sein. Nach der Beerdigung von Andys Papa fuhren wir ge-

meinsam zu einem Atemtherapieseminar. Danach kam ich langsam einigermaßen klar und konnte wieder in den Alltag einsteigen. Das war etwa fünf Monate nach alldem.

Wie ist es, um jemanden zu trauern, den man noch nicht richtig kannte?
REBECCA: Also, ich kannte Luka. Er war ja dieser kleine Mensch, der in meinem Bauch gewohnt hat, und ich hatte durchaus ein Gefühl zu ihm. Er ist nach wie vor mein Kind. Er ist da. In den kurzen Tagen nach der Geburt und dem Tod, als er bei uns sein konnte, hat er einen Platz eingenommen. Aber natürlich haben wir jetzt keine Erinnerungen an eine Person, an Charakterzüge … obwohl, das stimmt eigentlich gar nicht. Eine Art Vibe oder Charakter hat Luki für mich schon.

Aber vielleicht ist die Trauer ein bisschen einsamer. Ich glaube, für die Außenwelt ist es leichter, das abzuhaken. Spätestens seit der Geburt unserer Tochter. Im Sinne von: Jetzt ist ja wieder alles gut, jetzt haben wir ja endlich das Baby. Und das macht mich bis heute total wütend, weil es einfach nicht so ist! Dass dieses erste Kind gesehen wird, bedeutet manchmal richtig Kampf. Selbst engste Familienmitglieder tun gelegentlich so, als sei er nicht so richtig Teil unserer Familie, aber das ist er. Voll. Und Jora ist auch nicht mein erstes Kind, sondern mein zweites – obwohl sie auf eine Art auch mein erstes Kind ist. Natürlich ist auch viel Vorstellung gestorben, Dinge, von denen wir gar nicht wissen, wie sie in Wirklichkeit gewesen wären.
ANDY: Ich kann mich daran erinnern, dass ich während der Schwangerschaft oft gesagt habe, dass es für Rebecca viel

schlimmer ist, weil das Baby ja in ihr wächst und sie nie Abstand davon nehmen kann. Ich hingegen konnte immer mal wieder aus der Situation rausgehen. Bei mir wurde es eigentlich erst so richtig schlimm, als Luki tatsächlich auf der Welt war. Aber trotzdem hat alles ein rundes Bild ergeben, was für ein Persönchen er war, im Bauch und dann auf der Welt, darum kann ich gar nicht sagen, dass er jemand wäre, den ich nicht gekannt habe.
REBECCA: Wir hatten ja eine Beziehung zu ihm.
ANDY: Genau. Man hat sich eine gewisse Person ausgemalt oder einen Charakter. Das starke, kräftige Bürschchen, das sogar die Geburt noch schafft. Von daher ist Luki ein Typ, von dem ich mir gut vorstellen kann, wie er war. Aber ich werde leider nie wissen, wie er jetzt wäre.
REBECCA: Er bleibt eben immer ein Baby. Jora und Luki sahen sich total ähnlich nach der Geburt. Es war wirklich absurd. Aber Jora wächst, und es kommen neue Aspekte dazu. Von Luki gibt es immer nur den einen. Und die Schwangerschaft.

Heute, wo ihr ein zweites Kind habt – welches Bild habt ihr von eurer Familie?
REBECCA: Ich hatte das Gefühl, Luki lag mit im Wochenbett. Der Anfang mit unserem lebenden Kind war nicht einfach.
ANDY: Unsere Tochter hat einen großen Bruder, der nicht da ist. Irgendwie sind wir nicht zu dritt, wir sind zu viert.

8 Alle Jahre wieder

Über Rituale

> In time, there is a way, not out of grief,
> but deep within it.
>
> NICK CAVE

Erstmal klingt das seltsam anachronistisch: Rituale. Mir fällt da sofort die erste Episode von (Achtung, *guilty pleasure*:) *Outlander* ein. Da tanzen die weißgewandeten Druidinnen von Inverness bei Sonnenaufgang um den Steinkreis – kurz bevor die Protagonistin Claire darin verschwindet. Oder ich denke an die vielen Aschermittwoche meiner Kindheit. An die lange Schlange im Mittelgang der Kirche, in die ich mich mit gefalteten Händen einreihte, bis ich vor dem Pfarrer stand, der mir mit langsamer Hand das Aschenkreuz auf die Stirn malte. Ich konnte es nicht abwarten, nach Hause zu kommen und in den Spiegel zu schauen. Die beiden dunklen Striche auf meiner Stirn schienen ein magisches Zeichen zu sein. Nur, dass ich nicht wusste: Zeichen wofür?

Was soll das mit den Ritualen?

So ähnlich ging es mir auch mit Trauerritualen. Ich wusste nicht so recht. Nach Andreas Tod fühlte ich eine große Leere. Sie starb in Frankfurt am Main, ich war in Berlin. Ihre Eltern hatten sich für eine Beerdigung im engsten Familienkreis entschieden – und von der Trauerfeier, die ihre alten Hamburger Freund:innen für sie organisiert hatten, erfuhr ich erst, als sie schon vorbei war.

Als ihre Wohnung ausgeräumt wurde, traute ich mich nicht zu fragen, ob ich dabei sein dürfe. Ich weiß noch, wie ich mich in den Monaten nach ihrem Tod danach sehnte, etwas von ihr an meinem Körper zu tragen. Einen ihrer vielen Ringe vielleicht, die beim Tippen immer so schön klackerten. Doch ich schämte mich für diesen Wunsch und fürchtete, er könne den Anschein erwecken, dass ich mich an ihrem Tod bereichern wollte. *Crazy shit,* denke ich heute, aber genau so war es.

Für meine Trauer war das wie Gift. Ich begann, unsere Freundschaft in Frage zu stellen. Waren wir uns wirklich so nah gewesen, hatten wir einander wirklich so viel bedeutet? Alles geriet ins Wanken, die Gefühle, die ich für sie gehabt hatte, entglitten mir. Als ich einer Freundin davon erzählte, sagte sie: »Vielleicht musst du dir dein eigenes Ritual ausdenken, um dich zu verabschieden.« Ich versuchte mich am Rituale-Ausdenken, aber alles, war mir einfiel, verwarf ich wieder. Ich wusste einfach nicht, was zu tun war. Musste ich mir so eine Art Zeremonie ausdenken? Etwas verbrennen, vergraben, im Wasser versenken? Welchen Sinn sollte das haben, wenn sie doch längst tot und begraben war?

Stoppt die Routine!

Rituale sind, so erklärt es der Philosoph, Kulturwissenschaftler und Autor Byung-Chul Han, eine symbolische Praxis, deren charakteristischer Wesenszug in der Wiederholung liegt. Von der Routine unterscheiden sie sich darin, dass ihnen eine höhere Bedeutungsebene zugewiesen wird und dass sie eine größere Intensität im Erleben erzeugen.

In seinem Buch *Vom Verschwinden der Rituale* schreibt er: »Rituale (…) machen aus der Welt einen verlässlichen Ort. Sie sind in der Zeit das, was im Raum eine Wohnung ist. Sie machen die Zeit *bewohnbar*. Ja, sie machen sie *begehbar* wie ein Haus. Sie ordnen die Zeit, richten sie ein.«[38]

Aber Rituale können noch mehr bieten als Halt und Struktur: Sie »dienen der Überbrückung und Bewältigung des Bruchs, den der Tod eines Menschen für eine Gemeinschaft bedeutet, sie markieren die Schwelle, die er überschreitet, und sie definieren das Verhältnis und den Austausch zwischen Lebenden und Toten« sagt die Historikerin und Ritualforscherin Barbara Stollberg-Rilinger. »Bestattungsrituale haben eine – für Rituale allgemein charakteristische – janusköpfige Struktur: Sie verabschieden den Verstorbenen einerseits aus der Gemeinschaft der Lebenden und sorgen andererseits für sein – wie auch immer verstandenes – ›Weiterleben‹.«[39]

Rituale sind also eine Brücke, auf der Menschen mit ziemlich unterschiedlichen Ausgangssituationen herumlaufen. Vielleicht erklärt das, warum individuell gestaltete Beerdigungen und Trauerfeiern sich so gut anfühlen können. Hierbei geht es nicht – wie es in der öffentlichen Debatte manchmal kritisiert wird – um Individualisierung als Selbstzweck oder darum, ein möglichst spektakuläres Event auf die Beine zu stellen. Vielmehr wird ein gemeinschaftliches Ritual entwickelt, das zu der toten Person passt und sie in dem, was sie war, zeigt und erinnert. Daneben hat die Gestaltung dieser Rituale auch noch einen ganz praktischen Nutzen: Plötzlich können Zugehörige wieder selbst Dinge tun und entscheiden! Für Trauernde ist das ein echter Hit, denn selbst aktiv zu werden hilft, sich als handelndes Subjekt zu erleben, statt dem Verlust einfach nur ausgesetzt zu sein. Auch das ist eine Form von Selbstwirksamkeit.

Neue Rituale finden

Unsere Gesellschaft ist, was Trauerrituale angeht, ziemlich muffelig. Wir haben kaum noch welche – was auch mit dem Bedeutungsverlust der Kirche zu tun hat. Doch ich glaube, dass wir gut daran tun, eigene Rituale zu entwickeln. Natürlich geht es dabei auch um die Person, die gestorben ist, aber in erster Linie geht es um uns als Trauernde. Um das, was wir brauchen, um ohne (oder mit) unseren Verstorbenen weiterleben zu können.

Beispielsweise das Schnapstrink-Ritual: In den ersten Jahren nach Stefans Tod lud ich an seinem Geburtstag ein paar seiner Freund:innen zu mir nach Hause zum Schnapstrinken ein. Einige dieser Leute hatte ich erst nach seinem Tod persönlich kennengelernt. Aber in diesen Nächten, in denen wir uns Schönes und Trauriges erzählten, in denen wir gerade heraus oder stockend von dem sprachen, was uns quälte, während wir immer wieder unsere Gläser aneinanderstießen und seinen Namen nannten, waren wir auf besondere Art mit ihm und miteinander verbunden. Und manchmal kam auch die Wut. »Der Arsch«, brach es einmal aus mir hervor, als nur noch ein letzter Gast aus unserer Runde übrig geblieben war, ein Freund von Stefan, den ich besonders mochte. Er quittierte das mit einem Lächeln und nahm mich stillschweigend in den Arm.

Von der Wut erzählt auch die US-amerikanische Musikerin Erica Freas. Als sie 24 war, versammelten sich nach einem Suizid in der Punkszene von Olympia, der Hauptstadt des Bundesstaates Washington, die Freund:innen der Verstorbenen in dem besetzten Haus, in dem sie gewohnt hatte. Sie trauerten eine Woche lang gemeinschaftlich: Sie betranken sich, tanzten und verbrachten abwechselnd Zeit im Zimmer der toten Freundin, das mit all ihren Sachen angefüllt war. Ihre Wut war ziemlich deutlich: Sie zerschlugen Flaschen an der Hauswand und zogen grölend und weinend durch die Stadt.[40] Diese Variante der Totenfeier mag nicht der gesellschaftlichen Norm entsprechen, hat aber etwas sehr Befreiendes: Sie ermöglicht es den Trauernden, ihren Gefühlen Ausdruck zu verleihen – und zwar so individuell, wie eben auch Gefühle sind. Und das ist – solange dabei niemand zu Schaden kommt – genau das, was nach dem Tod eines liebsten Menschen zu tun ist.

Mir gefallen ja die Rituale am besten, in denen sich das Leben und der Tod unmittelbar begegnen. Als ich vor einigen Jahren durch Irland reiste, hörte ich abends am Torffeuer zum ersten Mal von den sogenannten *wakes* – den irischen Totenwachen, die vor allem noch in ländlichen Gegenden abgehalten werden. Dabei treffen sich Familie, Freund:innen und die gesamte Nachbarschaft im Haus der verstorbenen Person am offenen Sarg – nicht nur um sich von ihr zu verabschieden, sondern auch, um noch einmal ihr Leben zu feiern: mit Essen, das die Gäste mitbringen, mit traditionellen Folksongs, mit Gedichten, viel Whiskey und Bier. Und das manchmal mehrere Tage lang! Ich konnte damals kaum glauben, was ich da hörte. Als ich zögerlich offenbarte, noch nie zuvor einen toten Menschen gesehen zu haben, war plötzlich ich diejenige, die ungläubige Blicke erntete – denn die Frauen, mit denen ich am Feuer saß, waren bei ihren ersten *wakes* allesamt Kinder gewesen.

Wie starr wirkt dagegen unsere Regel, die Trauerfeier vom Leichenschmaus zu trennen. Vor ein paar Jahren hospitierte ich im Hamburger Lotsenhaus – eine, soweit mir bekannt ist, deutschlandweit einzigartige Institution, die Bestattungen, Trauerbegleitung und Weiterbildungen zum Thema Tod und Trauer unter einem Dach vereinigt. Hier erlebte ich eine Zeremonie, bei der Trauerfeier und Leichenschmaus ineinander übergingen, während der Sarg die ganze Zeit dabeistand. Die Anwesenden unterhielten sich und tauschten Erinnerungen aus, aßen Kuchen und tranken Kaffee. Währenddessen ging immer mal wieder jemand zum Sarg und stand dort, zündete eine Kerze an oder hing seinen Gedanken nach. Zu erleben, was passiert, wenn die Trennung dieser Sphären aufgehoben wird, wirkte fast magisch. Wenn ich sterbe, wünsche ich mir genau das: eine Trauerfeier, nein, eigentlich ein Fest, bei dem ich die ganze Zeit dabei bin. Mit sehr viel Essen, guter Musik – und ein paar trinkfesten Irinnen.

Viele Trauernde haben in Corona-Zeiten erlebt, was es bedeutet, bei Ritualen nicht anwesend sein zu dürfen, keinen

Trost aus der Gemeinschaft, aus körperlicher Nähe ziehen zu können. Was davon zurückbleibt, sind Gefühle der Schuld und der Einsamkeit, Ungesagtes und Ungelöstes. Allerdings ist auch vieles entstanden. Trauergruppen sind jetzt vermehrt auch digital unterwegs. Das mag den persönlichen Kontakt nicht ersetzen, doch vielleicht ist die Hürde, mit einem Klick dabei zu sein, manchmal sogar niedriger, als sich am Abend noch einmal zu einem Treffen außer Haus aufzuraffen. Trauerbegleiter:innen haben Möglichkeiten geschaffen, um schnell und flexibel auf die Bedürfnisse ihrer Klienten zu reagieren, zum Beispiel durch Begleitungen per Telefon und Videocall. Bestatter:innen haben sich technisches Knowhow angeeignet, um Trauerfeiern und Beerdigungen überallhin streamen zu können.

Vor allem aber ist ein neues Bewusstsein dafür entstanden, wie Verbindung und Gemeinschaft auf neue, kreative Weise hergestellt werden kann: Indem die, die nicht dabei sein können, Briefe, Fotos oder andere Dinge schicken, die mit in den Sarg gelegt werden. Indem zum Zeitpunkt der Kremation alle

eine Kerze anzünden und schweigen. Indem jede:r für sich zu Hause das Lieblingslied der verstorbenen Person hört, während auf dem Friedhof der Sarg oder die Urne in die Erde gelassen wird. Indem kleine Erinnerungsvideos von der Trauerfeier erstellt werden. Eben, indem wir eigene Rituale finden.

Bedeutsame Andere

Trauer ist tricky, aber Rituale sind es auch. Der Psychotherapeut Roland Kachler schreibt in seinem Buch *Hypnosystemische Trauerbegleitung*, dass Rituale sich meist irgendwo zwischen zwei Polen bewegen, nämlich der »Realisierungsarbeit und der Beziehungsarbeit«. Rituale sind also einerseits wichtig, um zu realisieren, dass jemand gestorben ist. Andererseits verdeutlichen und bekräftigen sie den Stellenwert, den unsere liebsten Menschen auch im Tod behalten.[41]

Wir alle kennen das dumpfe Geräusch, das entsteht, wenn die Handvoll Erde, die wir in das offene Grab werfen, auf dem Sarg auftrifft. Ich glaube, dass dieses Ritual ebenso schmerzlich wie hilfreich ist, um die Endgültigkeit des Todes zu begreifen.* Gleichzeitig stellt die Trauerfeier, die der Beerdigung meist vorausgeht, eine Verbindung zu der verstorbenen Person her, indem gemeinsam an sie erinnert wird. Hier vereinen sich Realisierungs- und Beziehungsarbeit in zwei zusammengehörigen Ritualen.

Seit den 1990er-Jahren rückt die Trauerforschung die Be-

* Was viele nicht wissen: Es ist auf den meisten Friedhöfen auch möglich, das Grab nach der Beerdigung selbst zuzuschaufeln. Viel mehr Begreifen als in diesem Moment geht eigentlich nicht.

ziehung zu den Toten in den Fokus. Dieser beziehungsorientierte Ansatz geht davon aus, dass es nicht nur möglich ist, eine starke innere Bindung zu unseren Toten aufrechtzuerhalten, sondern dass diese sogar hilfreich für unser Weiterleben ist. Danke, liebe Wissenschaftler:innen - für das Gegenstück zu besagter These Freuds, dass Trauer vor allem Loslassen und Nach-vorne-Schauen bedeute! Leider spukt der Freudsche Irrglaube hartnäckig in den Köpfen vieler Menschen herum. Er begegnet uns in Form von Besorgnis und guten Ratschlägen. *Vielleicht ist es nach zwei Jahren doch mal gut damit, jede Woche auf den Friedhof zu rennen? Willst du nicht lieber die Kleider deines toten Mannes entsorgen? Glaubst du wirklich, dass es gut für das Kind ist, ständig das Bild seiner verstorbenen Schwester zu sehen?*

Ja, glaube ich. Die Sozialwissenschaftlerin Anja Bednarz spricht in diesem Zusammenhang von unseren Toten als »bedeutsame Andere«, die es durch Rituale zu bewahren gilt.* »Die Beziehung zu den Toten ist integraler Bestandteil der Identität der Nachbleibenden«, betont sie.[42] So gesehen ergeben meine Gefühle nach Andreas Tod plötzlich Sinn: Salopp gesagt habe ich durch den (teilweise unfreiwilligen) Verzicht auf jegliche Rituale meine Beziehung nicht gut gepflegt und damit meine Identität als Freundin in Frage gestellt.

Irgendwann holte ich das Versäumte nach. Ich fuhr nach Hamburg-Ohlsdorf und legte ihr einen Strauß roter und

* Auch deshalb ist der Trend zu anonymen Bestattungen fragwürdig. Meist ist der Wunsch nach einer solchen Beisetzungsform verknüpft mit der Hoffnung, den Angehörigen nach dem Tod nicht zur Last zu fallen. Die Grabpflege oder der Besuch am Grab können allerdings, wie schon Matthias Horx in seinen »Acht Thesen zur Trauerkultur im Zeitalter der Individualität«, anmerkt, ein wichtiges Instrument der Beziehungspflege sein.

gelber Lilien aufs Grab – wunderschöne Blumen, groß und stolz und eigenwillig wie Andrea selbst. Viel später, einige Jahre nach ihrem Tod, besuchte ich ihren Vater. Wir saßen in dem Haus, in dem sie aufgewachsen war, tranken schwarzen Tee und aßen Erdbeerkuchen. Er zeigte mir ihr altes Kinderzimmer und den Partykeller, holte aus der Zeit gefallene VHS-Kassetten unter dem Fernseher hervor. Ein elegantes Segelboot zog an uns vorbei, die Familie in Schwimmwesten, lachende Menschen vor blassen weißen Schaumkronen. Andrea als Kind, als Teenagerin, als junge Frau. Wir schwiegen gemeinsam und hörten ihre Stimme auf CD, tief und rauchig, alte Lieder singend.

Der Apfelbaum

»Monatelang gehe ich jeden Freitag um 10.47 Uhr, seiner Todesstunde, in sein Zimmer und sitze dort. Es ist mein Ritual, das ich brauche. Immer wieder verabschiede ich mich neu«, schreibt die Autorin Gabriele von Arnim, die später noch ausführlich zu Wort kommen wird. An einer anderen Stelle notiert sie: »Ich kaufe bei der Friedhofsgärtnerin lachsfarbene Rosen, stecke einige auf sein Grab und nehme die anderen mit nach Hause, wo ich sie in eine Vase stelle. Dann haben wir die gleichen Blumen. Er auf dem Friedhof. Ich in der Wohnung.«[43]

Diese Zeilen erinnern mich an mich selbst. Der kleine Apfelbaum, den Stefans Freund:innen am Landwehrkanal gepflanzt hatten, wurde im ersten Jahr nach seinem Tod zu meinem Dreh- und Angelpunkt. Ich saß dort täglich, sommers wie winters, stundenlang. Manchmal auch mehrmals am Tag. Ich legte kleine Steine ins hohe Gras oder sammelte Blumen und Gräser auf dem Weg dorthin, die ich zu Sträußen band. Einmal kaufte ich vierzig violette Tulpen, die ich neben den Baum legte. Ein andermal fand ich eine rote Schleife in meiner Tasche, die ich um einen Ast band.

Übrigens fand ich anfangs die Idee, einen Baum für Stefan zu pflanzen, geradezu lächerlich! Ich fragte mich, was er davon halten würde, und stellte mir sein spöttisches Grinsen vor. Irgendwann entschied ich, dass ich sein spöttisches Grinsen in Kauf nehmen würde. Es ging hier nicht um ihn, es ging um meine Trauer. Und meine Trauer brauchte überraschenderweise einen Apfelbaum.

Die Beziehungsarbeit zu unseren Toten ist gar nicht so leicht. Bei der bereits erwähnten Traueraufgabe J. William Wordens, eine dauerhafte Verbindung zu der verstorbenen Person zu finden, bleibe ich vor allem an einem Wort hängen: *dauerhaft.* Bisher ist es mir noch nie gelungen, eine dauerhafte Beziehung zu meinen Verstorbenen aufrechtzuerhalten. In der akuten Trauer bin ich intensiv mit ihnen in Kontakt, doch dann wäscht mein Leben, mein Alltag, diese Verbindung allmählich weg. Das wäre kein Problem, wenn sich dieses langsame Entfernen von meinen toten Menschen richtig anfühlen würde. Doch das tut es nicht: Ich sehne mich nach einer dauerhaften Verbindung. Mehr noch, wenn ich heute in meinem Kalender blättere und sehe, dass wieder ein Geburtstag, wieder ein Todestag unbemerkt verstrichen ist, schleicht sich eine leichte Bitterkeit ein. Eine, die flüstert: *Siehste, die Liebe bleibt eben doch nicht. Am Ende ist alles egal.*

Wirklich? Alles egal? Hier kommen die Rituale ins Spiel.

Denn sie, so erklärt es der Berliner Bestatter Jan Möllers, transportieren eine Botschaft. Sie lautet: »Du bleibst wichtig, auch wenn du tot bist.« Als ich diesen Satz zum ersten Mal hörte, begriff ich plötzlich, woher meine Bitterkeit kommt: Ich brauche intensive Verbindungen zu meinen liebsten Menschen, den lebenden und den toten. Genauso, wie ich Spaziergänge, Kneipenbesuche und Telefonate mit meinen Freund:innen brauche, reicht es mir nicht, an meine Toten zu denken. Ich will etwas mit ihnen teilen, auch nach vielen Jahren noch. Dafür brauche ich also – Rituale.* Für Andrea und mich könnte das beispielsweise heißen, dass ich an ihrem Geburtstag an die Alster fahre und den Segler:innen zuschaue. Oder dass ich – denn es gibt auch ganz alltägliche Mini-Rituale – mir einen Moment nehme, um meinen Erinnerungen an sie nachzuhängen, wenn ich Joni Mitchell im Radio höre. Und für Stefan und mich? Nun ja, eines Tages werde ich hoffentlich am Landwehrkanal einen Apfel mit ihm essen. Das Grinsen, mit dem er mich dann anschauen wird, werde ich sicher mögen.

Aus Trauer lernen

Ich bin fest davon überzeugt, dass man Trauer lernen kann. Oder besser: dass man *aus* Trauer lernen kann. Nehmen wir die Trauernormen und die Tatsache, dass ich mich nicht getraut hatte zu fragen, ob ich beim Ausräumen von Andreas Woh-

* Ich möchte es hier einmal ganz deutlich sagen: Das ist mein ganz persönliches Gefühl. Es gibt keine Ritual-Pflicht! Es geht ausschließlich um das, was wir als Trauernde brauchen, damit es uns gut geht.

nung helfen dürfe. Die Gründe dafür liegen in dem, was die Forschung eine »ambivalente Trauerrolle« nennt. Denn meine Beziehung zu Andrea fühlte sich anders an, als sie aussah. Auf dem Papier war Andrea bloß eine ehemalige Arbeitskollegin, die in einer anderen Stadt wohnte, zwanzig Jahre älter war und mit anderen Leuten verkehrte als ich. Doch für mich war sie eine enge Freundin, die eine fast mütterliche Rolle für mich hatte. Als Stefan starb, befand ich mich unversehens in einer ähnlichen Situation. Für sein Umfeld war ich nur irgendeine Ex-Freundin, aber für mich war er ein sehr naher und wichtiger Mensch. In einem solchen Spannungsfeld zu agieren ist schwer. Mehr noch: Die darin entstehenden ambivalenten Gefühle können den Trauerprozess behindern, wie der Trauerforscher Kenneth Doka betont.[44]

Aber diesmal hatte ich tatsächlich dazugelernt: Ich gab mir selbst das Recht auf meine Trauer und ihren Ausdruck. Ich beschloss, dabei zu sein, wenn Stefans Wohnung ausgeräumt würde. Das brauchte allerdings auch etwas Mut, denn es gehört zum Schwersten, was ich bisher in meinem Leben getan habe. *Ich habe nicht darüber nachgedacht, habe mir einfach drei Sachen von dir genommen, an diesem Tag, an dem ich deine Kleider aus der Kommode im Wohnzimmer in schwarze Müllsäcke packte,* stand auf einem meiner Zettel. Zusammen mit der Familie und einigen Freund:innen verstaute ich seine Habseligkeiten in Kisten. Ich wollte seine Möbel mit meinen eigenen Händen nach unten tragen, bis die Wohnung, die mir so vertraut war, nur noch eine leere Wohnung sein würde.

Rituale und das Recht auf Trauer

Wenn wir uns das Recht geben, an bestimmten Ritualen teilzunehmen oder sie zu vollziehen, stehen wir für unsere Beziehungen und unsere Bedürfnisse ein – und für unsere eigene Form der Trauer.

Aber Rechte sind nicht immer frei verfügbar. Das wird vor allem bei der Beerdigung deutlich, wie wir in diesem Buch an verschiedenen Stellen erzählen. Wer hat das Sagen? Wer darf dabei sein? Wer sitzt bei der Trauerfeier in der ersten Reihe? »Der Ritus der Beisetzung bezeugt öffentlich das Recht auf Trauer«, sagt Doka. Unsere Bürokratie macht es dabei vor allem Familien schwer, die nicht auf dem Papier bestehen. Gibt es keine Ehepartner:in oder eingetragene Lebenspartner:in und wurde vor dem Tod niemand als zuständige Person bestimmt, sind die nächsten Angehörigen für die Bestattung zuständig: erwachsene Kinder, Eltern, Geschwister, Großeltern und Enkelkinder. Selbst dann, wenn seit vielen Jahren kein Kontakt mehr zur verstorbenen Person bestand. Sie müssen sich um die Bestattung kümmern, dürfen gleichzeitig aber auch bestimmen, wie genau das abläuft und wo das Grab sein soll – auch wenn nichts davon den (nicht dokumentierten) Wünschen der oder des Toten oder der Wahlfamilie entspricht.

Gerade bei Verstorbenen, die sich durch queere oder andere von der sogenannten Norm abweichende Lebensweisen von ihren Herkunftsfamilien entfernt haben, kann das für die hinterbliebenen Partner:innen oder Freund:innen zum Problem werden. Manchmal werden sie – bei Streitigkeiten – von der Beerdigung ausgeschlossen. Oder sie werden bei der Vorbereitung der Feierlichkeiten nicht miteinbezogen und müssen dann eine Trauerfeier miterleben, die nicht zu der Person passt, die sie kannten. »Queere Menschen haben oft bestattungspflichtige Verwandte, die ganz andere Vorstellungen von der Bestattung haben als die eigentlichen Bezugspersonen. Dann ist es unsere Aufgabe, zu vermitteln und allen den Abschied zu ermöglichen, den sie brauchen, ohne dass andere davon verletzt sind«, erklärt der Bestatter Julian Heigel.[45] Leider ist das noch nicht überall angekommen. Wir müssen uns klarmachen, welche verheerenden Folgen es für Trauernde haben kann, wenn auf einer Beerdigung Identitäten verleugnet, falsche Namen und Pronomen verwendet oder Menschen im falschen Geschlecht bestattet werden – und wie sehr es die Würde der verstorbenen Person verletzt.

Abhilfe schafft da nur: vorsorgen. Das geht auch ohne den Gang zu einer Notar:in oder Bestatter:in. Man kann festhalten, was man sich für die eigene Bestattung wünscht und wo man beerdigt werden möchte. Aufschreiben, Unterschrift drunter setzen und an ein paar Leute verteilen.* Fertig. Auf dieselbe Art und Weise kann man auch eine nahestehende Person für die eigene Bestattung bevollmächtigen. Das gilt dann als letzter Wille und ist rechtlich bindend – auch gegen den Wunsch der Herkunftsfamilie. Allerdings sollte in dem Fall die Kostenfrage vorher geklärt sein. Können die Kosten nicht dem Nachlass entnommen werden, muss die bevollmächtigte Person sie tragen.

* Sie an jemanden zu übergeben ist essenziell: Wenn sie im Todesfall nicht gefunden wird, hilft die schönste Bestattungsverfügung nichts.

Apropos Geld. Vor dem Tod, heißt es, sind wir alle gleich. Das kann nur sagen, wer weder arm gelebt hat noch arm sterben wird. Denn auch Sterben muss man sich leisten können. Seit 2004 das von den Krankenkassen gezahlte Sterbegeld abgeschafft wurde, ist Bestattung in Deutschland Privatsache. Wer sie nicht stemmen kann, hat die Möglichkeit, eine Sozialbestattung für verstorbene Familienmitglieder zu beantragen. Das Amt übernimmt dann die Kosten für Leichenschau, Kremation und Grabstätte.

Gibt es keine Angehörigen oder sind diese nicht auffindbar, wird eine ordnungsbehördliche Bestattung veranlasst. Davon betroffen sind vor allem alleinlebende und arme Menschen, darunter auch viele Obdachlose. In Berlin wurden 2020 mehr als 2400 ordnungsbehördliche Bestattungen durchgeführt, das sind 6,5 Prozent aller Verstorbenen.[46] Ich bin immer wieder schockiert, wie viele Menschen das betrifft.

Francis Seeck ist Kulturanthropolog:in und Antidiskriminierungstrainer:in und hat darüber ein Buch geschrieben: *Recht auf Trauer – Bestattungen aus machtkritischer Perspektive*. Seeck erzählt darin die Geschichte des Vaters, der starb, als Seeck im Ausland war. »2009 bekam ich einen Brief vom Bezirksamt Berlin-Neukölln, Bereich Hygiene und Umweltmedizin, in dem ich aufgefordert wurde, die Beerdigungskosten für die ordnungsbehördliche Bestattung meines Vaters Uwe zu bezahlen, zu dem ich wenig Kontakt hatte. Die Beerdigung hatte bereits stattgefunden, doch weder ich noch Freund_innen meines Vaters wurden informiert. Ich konnte mir weder erklären, warum ich erst durch diese Rechnung über seine Beerdigung informiert wurde, noch verstand ich, was eine ordnungsbehördliche Urnengemeinschaftsgrab-Beerdigung war. Kurz darauf erfuhr ich, dass die Nachlassstelle bereits alle seine persönlichen Gegenstände ›entsorgt‹ hatte – mit dem Hinweis, diese hätten ›keine Kosten gedeckt‹. Mein Vater hat Gedichte und Geschichten geschrieben, Bilder gemalt und Platten gesammelt. Mir wurde das Recht zu trauern, mich zu verabschieden und zu erinnern genommen! Ich fühlte mich damals wie in einem Schockzustand.«[47]

Was sich anhört wie ein tragischer Einzelfall, ist traurige Realität. In der Regel hat das zuständige Ordnungs- oder Gesundheitsamt acht Tage Zeit, um Angehörige ausfindig zu machen, meist wird nur ein einzelner Brief versandt. Nach Ablauf dieser Frist tritt die Maschinerie der ordnungsbehördlichen Bestattung in Gang. 150 Euro bekommt der Bestatter in Berlin pro Sterbefall, dazu kommen noch die Gebühren für Kremation und Friedhofsgebühr. Ein Dumpingpreis, der keinerlei Spielraum lässt für das, was man sich normalerweise unter einer Beerdigung vorstellt – von einer Trauerfeier ganz zu schweigen. Die Szenen auf dem Friedhof, die Seeck beschreibt, gehen unter die Haut: eine Wiese ohne Grabsteine, dicht an dicht ausgebuddelte Löcher für Urnen, die im Minutentakt in der Erde versenkt werden. »Vor den Feierhallen steht ein Notenständer mit einem Zettel, der den Ablauf der ordnungsbehördlichen Bestattung erläutert: 10:45 Uhr Waltraud S.; 10:46 Uhr Waltraud H.; 10:47 Uhr Lieselotte F.; 10:48 Uhr Karlheinz K.; 10:49 Uhr Andreas D.«

Die meisten dieser Beerdigungen finden mittlerweile auf dem Alten Domfriedhof St. Hedwig in Berlin-Wedding statt, wo die Urnen 15 Minuten lang in der Kapelle stehen, bevor sie in einem Urnengrabfeld versenkt werden. Die Namen stehen dort zu lesen, ein Meer aus grünen Plastikschildern in Streichholzschachtelgröße. Weder in der Kapelle noch am Grab gibt es die Möglichkeit, eine Trauerrede zu halten. Oftmals ist auch gar niemand da, um Abschied zu nehmen. Seeck betont, dass das nicht ausschließlich an fehlenden Kontakten liegt: »Oft wird davon ausgegangen, ordnungsbehördlich bestattete Menschen hätten keine sozialen Kontakte mehr. Dies ist jedoch häufig nicht der Fall. Der Bestatter Rüdiger Kußerow betont, dass zumindest vierzig Prozent der Menschen, die ordnungsbehördlich bestattet werden, soziale Kontakte haben und diese zur Trauerfeier kommen würden, wenn sie Bescheid wüssten.«[48]

Freund:innen und Angehörigen wie Francis Seeck nimmt diese Praxis systematisch die Möglichkeit, an einem zentralen Ritual wie der Beerdigung teilzunehmen. Das ist ein Skandal. Dass dies vor allem arme Menschen und ihr Umfeld betrifft, die schon zu Lebzeiten ausgegrenzt und diskriminiert werden, macht es umso trauriger.

Es gibt mittlerweile Initiativen, die sich um das Andenken mittellos Verstorbener bemühen. In einigen Bezirken Berlins und anderen Städten gibt es regelmäßige Gedenkgottesdienste für ordnungsbehördlich bestattete Menschen. Im »Grab mit vielen Namen« von der Kreuzberger Kirchengemeinde Heilig Kreuz-Passion finden von Armut und Wohnungslosigkeit Betroffene eine letzte Ruhestätte, inklusive Trauerfeier und Namensgravur auf dem Grabstein. Ähnliche Projekte gibt es auch andernorts in Deutschland. Francis Seeck berichtet außerdem sehr berührend, wie einzelne Pfarrer:innen und Friedhofsmitarbeiter:innen Zugehörige unterstützen und damit auch Widerstand gegen ein unmenschliches System leisten: Sie stellen ihnen Kapellen oder Räume für Trauerfeiern kostenlos zur Verfügung.

Aber eines muss uns klar sein: Es kann nicht dem Engagement und der Solidarität einzelner Personen oder Initiativen überlassen bleiben, für würdevolle Bestattungen und selbstbestimmte Abschiede zu sorgen. Wir müssen als Gesellschaft Mittel und Wege gegen die Ungleichheit im Tod finden. Jeder Mensch hat das Recht auf eine schöne Bestattung – und jede:r Zugehörige:r das Recht auf Trauer.

Buch: Chimamanda Ngozi Adichie, *Trauer ist das Glück, geliebt zu haben*
Song: Joni Mitchell, *Both Sides Now*
Serie: *Pose*

9 Kein Gestern und kein Morgen

Über Trauer und Sex

> Sex is kicking death in the ass
> while singing.
>
> ZINZI CLEMMONS, WHAT WE LOSE

Trauer und Sex? Tod und Begehren? Das klingt nach krassen Gegensätzen, einander ausschließenden Angelegenheiten. Lust und Ekstase passen nicht zur Traurigkeit. Nur: kategorisch auszuschließen ist in Sachen Trauer eben nichts. Sie bringt Hässliches und Schönes hervor und ist immer für eine Überraschung gut. Für manche ist Sex nach einem Verlust überhaupt nicht vorstellbar, vielleicht nie wieder, andere brauchen genau dann ganz viel davon, eventuell sogar mehr oder anders als zuvor. Leider ist das Verhältnis von Sex und Trauer eine einzige Tabuzone: Wer trauert, vögelt nicht, lautet die gängige Vorstellung. Aber das ist Unsinn, es ist mal wieder viel komplizierter.

Eines haben Sex und Trauer aber ganz sicher gemein: Bei beidem geht es ans Eingemachte.

Über Sex spricht man nicht

»Es fühlte sich an, als wäre die plötzliche Nichtexistenz seines Körpers in meinen Körper übergegangen«, sagt Caro über den Verlust ihres Ex-Freundes. Der Tod eines Menschen, zu dem wir eine sexuelle Beziehung hatten, zieht eine ganz besondere Art der Trauer nach sich. Die US-amerikanische Psychologin Alice Radosh nennt dieses Phänomen *sexual bereavement* – die Trauer über den Verlust der sexuellen Intimität. »Ich war nicht vorbereitet auf den Schock und die Schwere dieser Trauer. Sie fühlte sich grundlegender an als der Verlust gemeinsamer Aktivitäten wie Konzertbesuche und Kanufahren. Das waren Dinge, die wir gemeinsam *getan* hatten. Hier ging es darum, wer wir gemeinsam *waren*«, schreibt sie über den Tod ihres Mannes, mit dem sie über vierzig Jahre verheiratet war. Wenn sie versuchte, mit ihren Freund:innen darüber zu sprechen, stieß die über 70-Jährige auf pikiertes Schweigen. Auch Bücher halfen nicht weiter: »Ich machte mich auf die Suche nach einer Bestätigung, dass meine Gefühle nicht unangebracht waren. Ich las die Klassiker von Joan Didion und Joyce Carol Oates über den Tod ihrer Ehemänner. In zusammengenommen fast siebenhundert Seiten fand ich keinen Hinweis auf die Trauer um ihre körperliche Beziehung, wie ich sie erlebte. Die unausgesprochene Botschaft, die mir entgegenschlug, lautete: Über Sex spricht man nicht.«[49]

Aber Radosh wollte darüber sprechen. Sie führte eine Studie unter Frauen durch, die mindestens 55 Jahre alt waren. Das Ergebnis: Mehr als siebzig Prozent der Befragten glaubten, dass sie Sex mit ihrem Partner vermissen würden. Fast ebenso viele würden über diese Gefühle gern mit vertrauten Menschen sprechen wollen. Gleichzeitig gaben über die Hälfte an, dass es ihnen nicht in den Sinn käme, das Thema bei einer trauernden Freund:in anzusprechen.

Wie krass muss dieses Schweigen für jemanden sein, der oder die einen Menschen verliert, mit dem man nicht nur sein ganzes Leben, sondern auch sein gesamtes Intimleben verbracht hat?

Sogar das Begreifen des Todes hat eine deutlich körperliche Komponente. Der Roman *Licht und Zorn* der US-amerikanischen Autorin Lauren Groff, in dem es um eine ebenso ungewöhnliche wie große Liebe geht, macht das ebenfalls eindrucksvoll klar. Die Passage, in der die Protagonistin ihren Mann findet, der tot am Schreibtisch sitzt, ist ergreifend: »Sie glitt hinter ihn auf den Stuhl und schmiegte sich an ihn, vom Steißbein bis zum Nacken. Sie schob die Hände unter sein Hemd, spürte die gummiartige dünne Speckschicht am Bauch. Ihr Finger versank bis zum zweiten Glied in seinem Bauchnabel. Sie fuhr in seine Pyjamahose, wo es noch warm war. Das wollige Schamhaar. Seine Satinspitze, demütig in ihrer Hand. Lange hielt sie ihn so in den Armen. Spürte, wie die Wärme aus ihm wich. Sie stand erst auf, als sie seinen Körper nicht mehr wiedererkannte, wie ein Wort, das man so oft vor sich hinspricht, bis es seine Bedeutung verliert.«[50]

Es ist selten möglich, sich auf so intime Art zu verabschieden. Aber es lässt sich einrichten, zärtlich mit dem toten Körper zu sein, ihn zu pflegen und darauf zu achten, dass er gut behandelt wird. All das Hinwenden, Berühren, Auf-ihn-

Achten ist Beziehungspflege. Pflege einer Beziehung, die für die hinterbliebene Person beinah überlebenswichtig ist, denn schließlich ist sie das Einzige, was uns bleibt.

Fahrradfahren mit Angefasstwerden

Die alltäglichen Berührungen, der Körperkontakt, all das fehlt Trauernden, besonders denen, die ihre Partner:in verloren haben. Manchmal kann es hilfreich sein, Freund:innen zu umarmen oder sogenannte körpernahe Dienstleistungen in Anspruch zu nehmen: Fußpflege, Massage, Fango, Friseur oder Nagelstudio – alles, was mit Berührungen zusammenhängt, kommt in Frage. Am besten sagt man der behandelnden Person vorher, dass Trauer gerade ein Thema ist. Denn es kann durchaus passieren, dass man beim Haarewaschen weinen muss oder während der Massage eine Pause braucht, um dem Schluchzen Raum zu geben. Es kann sehr schön sein, sich für einen bestimmten Zeitraum den Händen einer anderen Person zu überlassen. Ich kann dabei herrlich abschalten, es ist ein bisschen wie Fahrrad fahren, aber mit Angefasstwerden.

Oder man versucht es mal mit Körperlichkeit und Lust. In Isabell Bogdans Roman *Laufen* gibt es dazu eine schöne Szene. Darin erzählt die um ihren Partner trauernde Figur vom ersten Mal Sex mit jemand anderem: »Er war so vorsichtig und liebevoll und hat mich weinen lassen, als ich weinen musste, er hat gemerkt, dass ich einen Abgrund mit im Bett habe, und er hat ihn da sein lassen, und wie er mich festgehalten und selbst so tief geatmet hat, da habe ich gedacht, er ist auch beschädigt, er weiß genau, an welcher Stelle er besser still ist. Irgendwann erzähle ich es ihm, aber für die erste Nacht wäre es zu groß gewesen.«[51] Diese tröstliche Nähe zu einem Menschen, dem man nichts erklären muss, beschrieb auch eine gute Freundin, als sie mir davon erzählte, dass sie mit dem besten Freund ihres verstorbenen Partners Sex hatte. Auch das kann trauern sein: gemeinsam, nah – und hot.

Ist das nicht zu früh?

Überlebende Partner:innen, die sich nach Sex sehnen, berichten oft von Schuldgefühlen. Gesellschaftliche Konventionen begünstigen solche Gefühle, daran hat sicherlich auch das berühmt-berüchtigte Trauerjahr Schuld. Das Konzept ist im römischen Recht verwurzelt und schreibt vor, wie die nächsten Verwandten einer verstorbenen Person ihrer Trauer Ausdruck zu verleihen haben: Sie müssen unter anderem zehn Monate lang Trauerkleidung anlegen und dürfen keine Festlichkeiten besuchen. Angewendet wurde es vor allem als Wartefrist für Witwen, bevor sie eine neue Ehe eingehen durften.

Im Bürgerlichen Gesetzbuch (BGB) war das Trauerjahr ab 1900 festgeschrieben und galt in der BRD bis 1997! (Obwohl es in den späteren Jahren nie zur Anwendung kam.) Und alles nur, um die Vaterschaft eventueller von der Witwe geborener Kinder rechtlich eindeutig feststellen zu können.

Wenn wir heute Schuldgefühle haben, weil wir in Trauerphasen Lust auf Sex haben, können wir uns also zunächst beim Patriarchat dafür bedanken. Und dann lasst uns lustvoll und selbstbestimmt gegen diese strukturelle Frechheit kämpfen, die Frauen – ob in Trauer oder nicht – jede Autonomie über ihren Körper und ihr Leben abgesprochen hat!

Möglicherweise ist es aber nicht nur der Blick von außen, der die Schuldgefühle entstehen lässt. Vielleicht ist die Beziehung zur verstorbenen Partner:in noch uneindeutig? Vielleicht hängen noch emotionale Unklarheiten in der Luft? Vielleicht war Eifersucht immer ein schwieriges Thema? Viele Faktoren können eine Rolle spielen, aber es lohnt sich, auf die Rollenzuschreibungen und moralischen Vorstellungen zu schauen, die von außen an uns herangetragen werden, wenn zum Beispiel jemand vorwurfsvoll fragt »Ist das nicht zu früh?« Für wen, frage ich mich. Für mich? (Das ist meine Sache.) Oder für meine verstorbene Partner:in? (Na ja, die Person ist tot.) Oder etwa für dich und dein Konzept von richtig und falsch?

Älteren Menschen, die ihre Partner:in verlieren, wird ihre Sexualität doppelt abgesprochen – weil sie alt sind und weil sie trauern. »Eine gute Witwe spricht nicht über Sex«, sagt die US-amerikanische Autorin und Rednerin Joan Price, die ein trashig-schönes Buch zum Thema geschrieben hat, und setzt gleich dagegen: »Aber wer will schon eine gute Witwe sein?«[52] Als mein Großvater starb, fragte ich meine Großmutter, ob sie sich jetzt einen neuen Mann oder, noch besser, wie ich fand, einen Hund anschaffen wolle. Beides lehnte sie kopfschüttelnd ab und behauptete: »Für mich gibt's keinen mehr«. Sie hat Recht behalten. Dreißig Jahre hat sie meinen Großvater überlebt und nie wieder einen anderen Menschen mit Zunge geküsst. Jedenfalls höchstwahrscheinlich nicht, wir haben nie darüber gesprochen. Als wäre das Thema für sie mit ihrem Mann zu Grabe getragen worden. Vielleicht war sie deswegen froh, vielleicht traurig, womöglich beides.

Die Vorstellung, Trauer wirke sich lähmend auf die Libido aus, ist weit verbreitet. Klar, emotionaler Schmerz, Traurigkeit und depressive Stimmungen sind Lusttöter. Trauer ist aber mehr als völliges Erledigtsein, sie ist vor allem eine aktive Angelegenheit. Manchmal braucht unser Körper vielleicht einen kleinen Glückshormonrausch und unser Geist

Ablenkung und Verbundenheit, um die Reserven wieder aufzufüllen. Sex kann eben auch eine Form der Trauerarbeit sein.

Er spielt auch dann eine Rolle in der Trauer, wenn es keine sexuelle Beziehung zur verstorbenen Person gab. Einfach weil Sexualität ein wichtiger Teil unseres Menschseins ist, selbst wenn sie gerade in den Hintergrund getreten ist. Menschen sind sexuelle Wesen, auch die, die keinen Sex mit anderen haben (wollen), auch alte Menschen, Kranke – und eben auch Menschen in Trauer. Manchmal hat man Sex, weil man einer Person nahe sein möchte, die man sehr mag. Manchmal ist das Bedürfnis vor allem körperlich. Und manchmal braucht man einfach sehr viel Abstand von alldem. Es gibt wohl so viele Varianten, Sex (nicht) haben zu wollen, wie es Menschen gibt.

Das Gegenteil von Totsein

Ich habe in meinem Leben zweimal stark getrauert, einmal als späte Teenagerin, einmal als Mittdreißigerin. Meine erste und meine zweite Trauer waren sehr unterschiedliche Erfahrungen. Sie glichen sich eigentlich nur in zwei Dingen: im anfänglichen Schockzustand und in meiner späteren vehementen Weigerung, mich fallen zu lassen.

Der vielleicht größte Unterschied zwischen meinen beiden Trauererfahrungen aber lag in meiner Lust. In der Trauer um meinen Vater war Sexualität für mich kein Thema. Obwohl, das stimmt nicht ganz: Sex spielte insofern eine Rolle, als dass er mir buchstäblich abhanden geriet, da mein damaliger

Freund, wie ich es im Kapitel »Früher warst du anders« erzähle, ziemlich schnell von der Bildfläche verschwand. Meine Libido hatte Pause. Der Rest von mir drehte auf, und ich stürzte mich ins Leben.

Als fast zwei Jahrzehnte später mein Bruder starb, hatte ich zwei Kinder, lebte mit einem Mann und arbeitete Vollzeit. Der Schlag, den mir sein Suizid versetzte, war hart. Dieses Mal stürzte ich mich nicht in Aktivität. Ich hielt an. Lag im Bett und schaute an die Wand. Saß am Fenster und schaute in den Hinterhof. Mein Bruder war tot. Der Mensch, mit dem ich mein Kinderzimmer und meine Eltern geteilt hatte. Der dieselbe Schule besucht hatte wie ich, mit dem ich Fallschirm gesprungen war und der meinetwegen Hausverbot in seiner Stammdisko bekommen hatte. Meine Generation. Ganz nah dran. Aber weg.

Und jetzt? Was wollte ich? – Ich wollte leben. Ich wollte das Dasein spüren, den Genuss, den Rausch, das Gegenteil von Totsein. Und plötzlich, mitten in der Trauer, tauchte sie wieder auf, die Lust. Ich schaute Pornos, ich masturbierte, ich hatte andauernd lüsterne Gedanken – und das, während ich litt und trauerte. Ernsthaft, ich glaubte, ich hätte den Verstand verloren. Ich meldete mich sogar bei einigen Dating-Apps an und traf echte Menschen, um Sex mit ihnen zu haben. Dabei machte ich viele schöne Erfahrungen, aber auch ein paar verstörende. Dass ich manchmal beim Orgasmus weinen musste, war eine davon. Was ich dabei aber vor allem lernte, ist, dass ich – um es mit Zinzi Clemmons zu sagen – mit »Sex dem Tod singend in den Arsch treten kann«.[53] Trauer ist Vergangenheitsschmerz und Zukunftsverlust. Guter Sex dagegen ist purer Gegenwartsgenuss: Gestern und morgen sind egal, dass wir sterben müssen auch, und sogar der Schmerz lässt kurz nach.

Vielleicht ist sexuelle Lust eine Art Selbsthilfe, die wir für uns selbst im Angebot haben? Die körperliche Wirkung von befriedigendem Sex legt das nahe: Die uns durchströmenden Botenstoffe steigern das Wohlbefinden, Herzschlag und Durchblutung werden stärker und unsere Schmerzen gelindert. Das sind die kleinen (oder größeren) Oxytocinexplosionen, von denen Caro schreibt, die wir sehr gut gebrauchen können. Trauernde berichten oft davon, sich taub zu fühlen, keinen Zugriff mehr auf ihre Gefühle zu haben, sich und ihr Leben wie aus einer Distanz wahrzunehmen. Sex kann dabei helfen, immerhin *etwas* zu spüren.

Für mein unmittelbares Umfeld war die Wiederentdeckung meiner Lust inmitten von Trauer nicht ganz einfach. Während ich nach und nach begriff, dass sexuelles Verlangen Teil des Trauerprozesses sein kann und ich nicht plötzlich den Verstand verloren hatte, blieben die Konflikte um mich herum nicht aus. Ich veränderte mich, auch in anderen Hinsichten. Justierte meine Ansprüche an ein gutes Leben nach, wollte Veränderung, sehnte mich nach Autonomie.

Solosex, ein Bringer

Masturbation wäre unter Trauernden ein großes Thema, wenn denn drüber gesprochen würde. Sie ist praktisch am unkompliziertesten, man ist dabei (wahrscheinlich) allein und kann außer sich selbst niemanden mit merkwürdigem Verhalten oder plötzlichen Gefühlsausbrüchen erschrecken.

Man muss keine Erwartungen erfüllen, kann sich Zeit nehmen und auch einfach aufhören und die angefangene Serie weiterschauen. Fantastisch! »Man schläft besser, hat bessere Laune und landet nicht aus Versehen in einer neuen Beziehung, die man eigentlich nicht will«, sagt Joan Price über die Vorzüge der Masturbation.[54] Und es ist wahr: Unser Körper schüttet auch beim Solosex Glückshormone aus, selbst wenn man nicht zum Orgasmus kommen kann oder will. Sich selbst anzufassen, sich Lust zu bereiten, den eigenen Körper zu liebkosen und ihm Beachtung zu schenken, ist schlicht und einfach eine Form von *selfcare*.

Selbstbefriedigung kann aber auch die Trauer verstärken, wie bei einer endlich.-Hörerin, deren Liebespartner verstorben war. Sie erzählte uns, wie sie nach dem Masturbieren überwältigt war von Erregung und Trauer und dass sie immer weinen musste, egal ob sie dabei an ihren Freund Lukas gedacht hatte oder nicht – und das zwei Jahre lang. »Als es aufhörte«, sagt sie, »habe ich mich gefreut wie eine Schneekönigin.« Wenn sie nun masturbierte, tat sie es auch aus der Lust heraus, ihrem verstorbenen Freund nahe zu sein: »Die Vorstellung, dass er in dem Moment in mir ist und nicht mein Vibrator – das erfüllt mich mit Wärme. Nicht mit Sexwärme, sondern mit Lukaswärme. (…) Manchmal erfüllt es mich auch einfach mit purer Liebe und schönen Erinnerungen. Also masturbiere ich aus Lust, wenn ich Lukas lieben und wenn ich um Lukas weinen möchte.«

Hingabe

Ob Sex beim Trauern eine Rolle spielt, hängt zu großen Teilen von den Lebensumständen der trauernden Person ab. Aber so oder so, die Trauer ist immer da. Manchmal überkommt sie einen beim Knutschen. Dann ist es schön, wenn das Gegenüber das mit einem aushält. Und nach einer großen Umarmung vielleicht fragt, ob man weiterknutschen will. Manchmal hat man einfach gar keine Lust. Oder zu den unmöglichsten Zeitpunkten das Bedürfnis nach sexueller Befriedigung.

In dieser Gemengelage zwischen Sex, Tod und Trauer, in der ich mich nach dem Tod meines Bruders wiederfand, habe ich zum ersten Mal erfahren, was Hingabe ist. Ein altmodischer Begriff, zugegeben. Der Journalist Martin Scherer definiert ihn in seinem gleichnamigen Buch als »die paradoxe Stärke, für etwas schwach werden zu können«.[55] Schwach sein können als Stärke. In gewisser Weise gewann ich diese Erkenntnis erst durch Sex: In bestimmten Momenten habe ich zugestimmt, mich einem anderen Menschen zu überlassen. Ich habe vertraut, ich habe etwas aufgegeben und mich selbst im reinen Erleben einer puren, rauschhaften Gegenwart zurückbekommen. Ein kurzer Moment kann sich dabei so stark ausdehnen, dass die Angst auf einmal keinen Platz mehr hat. Weil es so schön ist, am Leben zu sein, weil es so viel zu erleben und zu fühlen gibt. Und weil die Vergänglichkeit uns alle betrifft. Niemand ist allein damit.

Bis zu dieser Erfahrung war die Angst ein erdrückend großer Teil meiner Trauer. Und es gibt sie noch immer. Aber ich habe mich ihr zugewandt – und sie hat mich nicht verschlungen. Wenn wir die Angst nicht fühlen wollen, uns betäuben, ablenken, dann spüren wir auch nichts anderes mehr. Ich will sie aber, die ganze Palette! Ich will es wissen, alles. Die schlimmen Gefühle kann ich bewusst aushalten und überstehen. Einatmen. Ausatmen. So. Und dann kann ich auch das Gute genießen und aus dem Vollen schöpfen: Liebe, Lust, Freude, Glück. Mein Vater und mein Bruder haben sich das Leben genommen, weil sie nichts mehr fühlen wollten. Was für eine elendige Verschwendung.

Buch: Katja Lewina, *Sie hat Bock*
Song: Billie Eilish, *Oxytocin*
Serie: *Fleabag*

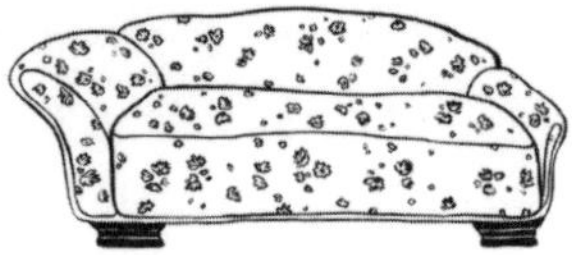

Im Gespräch mit Gabriele von Arnim

Die Amsel auf dem Balkon

Wir treffen uns vor dem Haus von Gabriele von Arnim, einem unauffälligen Altbau in einer ruhigen Seitenstraße von Wilmersdorf. Auf dem Klingelschild steht neben ihrem Namen noch ein zweiter, es ist der Name ihres Mannes, der sieben Jahre zuvor starb. In ihrem Buch *Das Leben ist ein vorübergehender Zustand* beschreibt sie das gemeinsame Leben, nachdem er zwei Schlaganfälle erlitten hatte, nicht mehr alleine essen, kaum noch sprechen konnte. Sie pflegte ihn zehn Jahre lang bis zu seinem Tod.

Als wir aus dem schmalen Aufzug treten, empfängt uns gva, wie sie selbst all ihre E-Mails unterschreibt, in der Tür ihrer Dachgeschosswohnung: Die 75-Jährige ist hochgewachsen, trägt schmale Hosen und einen grauen Kaschmir-Cardigan, dezente Ohrstecker, dunkelroten Lippenstift, die Lesebrille trägt sie an einer Kette um den Hals. Ihre weißen Haare fallen ihr locker bis auf die Schultern. Nach ihrer Promotion lebte sie zehn Jahre als freie Journalistin in New York, schrieb mehrere Bücher und arbeitete als Rezensentin und Moderatorin, unter anderem für ARTE und das Schweizer Fernsehen.

Wir setzen uns an den großen Holztisch im Esszimmer, das in die offene Küche übergeht, die polierten Dielen knarren unter unseren Füßen. Vor uns steht eine Karaffe mit Wasser und eine Schale mit Gebäck. Alles in der Wohnung ist großzügig. Die Sonne scheint durch die Dachfenster, durch die offene Balkontür sieht man blühende Pflanzen. »Ich übe Gegenwart«, schreibt Gabriele von Arnim in ihrem Buch. »Ich übe, auf einem Stuhl in der Sonne zu sitzen, ohne Telefon, ohne Zeitung, ohne Laptop, nur mit einer Tasse Tee. Ich habe Zeit.«

»Wie geplatzte Knallerbsen« klangen die Worte ihres Mannes, erzählt sie. Er konnte glasklar denken, war nach wie vor politisch interessiert und informiert – doch er konnte sich nicht mehr artikulieren. »Schau mich doch an«, hat er geschrien, wie sie schreibt. »Dieses Gesicht, die Stimme, der Körper. Das bin doch nicht ich.«

Ihr Buch heißt »Das Leben ist ein vorübergehender Zustand«. Schaffen Sie es, sich der Vergänglichkeit dieses Zustands bewusst zu sein?
Hach, Sie fangen ja gleich mit einer großen Frage an. Ich denke, es ist ein ständiger Versuch, ein ständiges Bemühen darum, mir meiner Vergänglichkeit bewusst zu sein. Was ja auch richtig ist und trotzdem nicht immer gelingt. Nach dem Tod meines Mannes hatte ich so einen Nachholbedarf, nachdem ich ihn zehn Jahre begleitet hatte in seiner Krankheit, dass ich es ein bisschen weggeschoben habe. Ich dachte: So, jetzt bin ich noch mal ein bisschen dran, jetzt will ich noch mal richtig leben.

Und heute?
Jetzt ist er sieben Jahre tot, und ich fange langsam an, mich mehr damit zu beschäftigen, dass es nun bei mir vielleicht auch nicht mehr allzu lange dauert, bis ich dran bin. Und beschäftige mich in dem Sinne damit, dass ich versuche, mich so viel wie möglich von alten Strukturen, alten Vorgaben und Konventionen zu befreien. Ich denke, je intensiver und freier ich jetzt lebe, desto erlöster kann ich vielleicht sterben.

Das klingt wunderbar.
Es sind ja auch nur Versuche. Aber da ist dieses Gefühl, dass ich nicht noch mit so viel Klumpatsch, ungeklärtem Klumpatsch auf dem Sterbebett liegen möchte. Ich hätte gerne viel geklärt, wenn es so weit ist.

Ihr Mann war Journalist, ein Mensch der Sprache – ein »Berserker von einem Mann«, schreiben Sie an einer Stelle –, und von einem Moment auf den anderen kann er sich nicht mehr ausdrücken, nichts mehr alleine tun, ist vollständig auf Hilfe und Pflege angewiesen. Was hält einen in diesem Zustand am Leben?
Was wäre denn die Alternative gewesen? Es gab ja keine Alternative, es sei denn, ich hätte ihn und mich umgebracht, das wollte ich nicht, das hätte ich nicht gekonnt.

Haben Sie darüber nachgedacht?
Nein, komischerweise nicht. Eine Freundin hat mich das auch mal gefragt. Als ich selbst krank wurde, hat sie gesagt, und nun, bringst du euch um? Und da habe ich gedacht, nein. Ich glaube, ich bin doch eine Kämpferin.

Was hat Ihnen Kraft gegeben?

Man entwickelt ja Strategien, wie man das Leben nicht nur als Überleben nimmt, sondern vielleicht sogar auch noch mit heiterem, fröhlichem, genüsslichem und sinnlichem Inhalt füllt. Und für mich waren das verschiedene Dinge. Eine Strategie war definitiv das Lachen. Wir haben unglaublich viel gelacht, das ist mir nachträglich immer noch fast ein Rätsel, wie ein so elender Mann und eine so überforderte Frau so viel zusammen lachen konnten. Das war unglaublich. Was nicht heißt, dass wir nur gelacht hätten, wir haben auch gezankt wie die Kesselflicker, es gab Wut und Zorn und Verzweiflung. Es gab alles.

Das klingt nach großen Gegensätzen.

Was man auch lernt, ist, mit diesen unglaublichen Widersprüchlichkeiten des Lebens zurechtzukommen. Zurechtzukommen ist fast schon ein zu großes Wort, aber es jedenfalls immer wieder zu versuchen. Also auf der einen Seite der Mann, der sagt, gib dir nicht so eine Mühe mit mir, ich bringe mich sowieso um, sobald ich kann – und auf der anderen Seite das Gelächter und alles parallel. Dieses Zeitgleiche von so unterschiedlichen Emotionen fasziniert mich. All diese Widersprüchlichkeit haben wir fast täglich gelebt.

Über die Ambiguitätstoleranz haben wir mal eine ganze Folge gemacht – das Nebeneinander von Gegensätzen aushalten …
Aushalten ist natürlich ein großes Wort in solchen Situationen, das ist gar keine Frage. Es ging um so viele Widrigkeiten immer wieder, dass vieles tatsächlich ein Aushalten war. Doch manchmal geht es ja auch darum, ein bisschen die Ambivalenzen zu versöhnen – was schwierig ist, weil all das, was man da parallel erlebt, so gar nicht zusammenzupassen scheint. Und trotzdem ist es im eigenen Leben vorhanden. Das heißt, um halbwegs damit zurechtzukommen, ist es gar nicht schlecht, die Widersprüchlichkeiten, sagen wir es mal so, ein bisschen ins Gespräch kommen zu lassen. Ich kann nur immer wieder sagen, es jedenfalls zu versuchen.

Wo kam das Sinnliche, der Genuss ins Spiel?
Vor allem beim Kochen, beim Essen. Ich bin sowieso eine leidenschaftliche Esserin, ich habe mal ein ganzes Buch über das Essen geschrieben. Es war mir wichtig, in so ein Krankheitsleben sinnliche Qualitäten zu bringen. Zu sitzen und gemeinsam zu essen. Was nicht so einfach war, weil ich ihn ja füttern und unterhalten musste und selber essen wollte. Da waren diese zwei Ebenen. Die Pflege – Salben, Magensonde anhängen oder das Urinalkondom für die Nacht – und ein Zusammensein in der Zeit gestalten. Kochen, Erzählen, Fotos anschauen, Händchen halten. Dieses Zusammensein in der Zeit, das hatte wirklich ganz andere Qualitäten. Die habe ich versucht zu pflegen.

Sie haben währenddessen auch gearbeitet.
Arbeiten war wichtig. Wir hatten das große Glück und Privileg, uns eine Pflegerin leisten zu können. Dadurch konnte ich teilweise arbeiten, und das hat mir sehr geholfen. Sie können nicht darüber nachdenken, dass der Puls jetzt gerade zu schnell oder zu langsam ist oder der Katheter nicht richtig sitzt, während Sie gleichzeitig ein Interview vorbereiten. Dieses strenge Denken gegen die Angst, das war gut.

Gab es abseits der Arbeit Dinge, die Sie für sich selbst getan haben?
Ich musste mich immer zwischendrin mal irgendwo hinsetzen, Kaffee trinken, Leute angucken und ihn tatsächlich wegblenden, ausblenden, um die eigenen Batterien wieder aufzufüllen. Geklaute Zeit. Da konnte ich ihn nicht gebrauchen, auch wenn sich das leicht sagt. Er war ja letztlich immer da und immer bei mir, in mir. Geholfen hat die Literatur. Der Trost des Lesens war essenziell. Dann gab es Menschen, die da waren, also Menschen, die mir zugehört haben, Menschen, die gekommen sind. Die Vorleser spielten da eine ganz große Rolle.

∞

Auf unsere Fragen antwortet Gabriele von Arnim ohne zu zögern, ihr Blick ist direkt und ernst. Als sie auf die Vorleser zu sprechen kommt, blitzt es in ihren Augen auf. Irgendwann, erzählt sie, hatte sie eine Gruppe von siebzehn Menschen, die ihrem Mann vorgelesen haben. Zeitungen, Romane, Gedichte, fast jeden Tag. Die sich zu ihm setzten und aushielten, dass sie ihn nicht verstehen konnten, wenn er seine Knallerbsensätze vergeblich wiederholte. Man spürt die Dankbarkeit, die Verbundenheit zu diesen Menschen, wenn Gabriele von Arnim von ihnen spricht. »Ohne diese Gruppe hätten wir weniger gelebt, weniger gelacht, weniger gewusst, was Herzlichkeit, was Güte und Freundschaft ist.«

Seinen ersten Schlaganfall erlitt ihr Mann an jenem Tag, an dem sie ihm morgens zu verstehen gegeben hatte, dass sie nicht mehr mit ihm leben könne. Trotzdem bestand für sie kein Zweifel daran, an seiner Seite zu bleiben.

Sie haben zehn Jahre lang einen Mann gepflegt, der nicht mehr derselbe war wie vorher. Haben Sie bereits vor seinem Tod um ihn getrauert?
Es war natürlich ein langes Abschiednehmen. Aber unsere Situation war – sagen wir – komplex, denn dieser Schlaganfall, diese zwei Schlaganfälle trafen ihn und mich ja nicht mitten im ruhigen Glück, sondern in dem Moment, in dem ich mich trennen wollte. Insofern wollte ich auch nicht in das Leben des Vorschlaganfalls zurück. Das war keine schöne Zeit gewesen, keine, nach der ich mich hätte sehnen können. Also war die Trauer auch eine ganz andere, weil ich ja nicht um das getrauert habe, was wir hatten.

Sondern um was?
Vielleicht habe ich auch getrauert um das, was wir ja vielleicht noch hätten haben können, wenn er gesund geblieben wäre. Doch auch solche Gedanken habe ich mir relativ selten erlaubt, weil dieses »Was wäre gewesen, wenn« sind doch letztlich Spekulationen. Das kann man mal machen, wenn man Lust darauf hat, aber es hilft nicht unbedingt weiter.

Was hat Ihnen weitergeholfen?
Der eigentliche Hauptgedanke war immer: Wie schaffe ich es, erstens, dass er überlebt? Und zweitens, wie schaffe ich es, in diesem versehrten Zustand, in dem er dann überlebt hat, noch irgendwie Freude in das Leben zu bringen?

Ich hatte mir mehrere Sachen vorgenommen: nicht bitter zu werden, nicht zu hadern – gar nicht so einfach – und nicht einsam zu werden. Denn ich dachte, das halten wir nicht aus. Wir waren beide immer menschenlustig, hatten viele Gäste und waren unterwegs und umtriebig.

War das trotz seines körperlichen Zustandes noch möglich?
Er war großartig darin, sich in seiner ganzen Versehrtheit zu zeigen. Er hat sich nie versteckt. Es gibt ja viele, die sagen: Ach, so möchte ich nicht gesehen werden, ich möchte in Erinnerung behalten werden, wie ich war. Das war bei ihm nie der Fall. Er war dann zwar todtraurig, wenn Menschen hier saßen und er nicht mit ihnen reden konnte. Und trotzdem wollte er sie immer wieder um sich haben. Das zeigte eine große Stärke und Würde. Diese innere Freiheit zu sagen: Trotz meiner Versehrtheit, trotz der Kränkung dieser Krank-

heit, trotz meines dezimierten Zustandes bin ich noch ein eigener Mensch.

∞

Als sein Gesundheitszustand sich verschlechterte, fuhr Gabriele von Arnim mit ihrem Mann auf den Friedhof. An einem sonnigen Tag im Frühsommer suchten sie sich den Platz aus, an dem sie beide begraben werden wollten, ein von Rhododendren gesäumtes Grab unter hohen Bäumen, mit freiem Blick auf eine Wiese. Sie empfand es als beruhigend, erzählt sie, zu wissen, wo die Reise hingehe. Nicht nur für ihn, auch für sie selbst.

Das Ende wurde zum Kampf. Nicht nur angesichts des nahenden Todes, sondern auch ein Kampf gegen die Ärzte, die sein Leben – mit Magen-Darm-Spiegelungen und Harnleiterschienen – um jeden Preis verlängern wollten, und das im Krankenhaus, wo er nie mehr hinwollte. Die Ärzte rieten zu unsäglich belastenden Behandlungen für einen Sterbenden, die Gabriele von Arnim nicht mehr hilfreich erschienen. Sie fand eine Palliativärztin, die sie darin unterstützte, ihren Mann zuhause sterben zu lassen. Als, wie sie schreibt, der Tod sich nicht mehr versteckte, lud sie nahe Menschen ein, sich zu verabschieden. An dem, was sein letzter Abend sein würde, kamen sie mit Essen, aßen seine Lieblingsgerichte, die er selbst nicht mehr zu sich nehmen konnte, und saßen vor seinem Zimmer. Eine Person war immer bei ihm. Die Enkelkinder spielten dabei. »Ich fand es wichtig, dass der Tod nicht vor den Kindern versteckt wurde«, erzählt sie. »Dass sie – sie waren ja noch ganz klein, fünf und acht – ganz selbstverständlich mit dabei sein durften.«

Wie war das für Sie, als Ihr Mann zuhause starb?
Es war eine sehr gute Erfahrung, eine, die ich nicht missen möchte. Was ich faszinierend fand, war, dass sich sein Gesicht im Lauf des Tages nach seinem Tod verändert hat. Das konnte man richtig beobachten. Er ist ja morgens gestorben, und abends hatte er fast einen Schalk im Gesicht. Das war unglaublich.

Sie hatten also das Gefühl, dass nach dem eigentlichen Tod noch etwas passiert?
Ja, es gibt doch diesen wunderbaren Satz von Thomas Bernhard. Er hat sinngemäß gesagt, wenn ein Mensch klinisch tot ist, ist trotzdem noch Musik in ihm. Den Satz habe ich viel später gelesen, aber das ist genau das, was ich empfunden habe an dem Tag seines Todes, seines Gestorbenseins. Mein Enkel hat dann am nächsten Morgen gesagt, jetzt sei er gegangen. Als ich ihn fragte, woher er das wisse, sagte er: »Habe ich gesehen«. Kinder sind ja manchmal sowieso viel aufmerksamer und achtsamer als wir und viel bereiter Dinge zu sehen, die wir gar nicht mehr sehen können.

Sie haben sich dann für ein Fest entschieden.
Ich hatte ihn gefragt, was wichtiger sei: Beerdigung oder Fest. Er hat sofort gesagt: Fest. Das passte auch besser zu ihm. Und dann haben wir wirklich ein großes Fest gefeiert. Es waren sicher sechzig bis siebzig Leute da, alle haben etwas zu essen mitgebracht. Dann holte einer seine Klarinette raus,

der Nächste seine Trompete, sie haben sogar noch ein Duett gespielt. Eine Freundin hatte aus lauter Fotos einen Film gemacht. Es war ein intensiver Abend, bei dem die unterschiedlichsten Leute miteinander ins Gespräch kamen. Man war so aufgewühlt, hat eine Freundin später erzählt, dass man plötzlich mit Wildfremden nahezu intime Gespräche geführt hat. So war es fast ein beglückender Abend für viele Menschen.

Bei der Beerdigung kamen auch die Vorleser zum Einsatz …
Ich hatte sie gebeten, dass jeder etwas sagt. Zwei oder drei meinten, sie würden es nicht schaffen. Dann standen da also diese 15 Menschen. Jeder hatte etwa anderthalb Minuten. Jemand hat ein kleines Gedicht gesagt. Und jemand anders über sein Lachen geredet und etwas über seinen Lieblingsroman erzählt. Es war hinreißend. Einigen liefen die Tränen runter, während sie redeten. Das war sehr bewegend.

Haben Sie sich nach seinem Tod mit ihm verbunden gefühlt?
Es gab beides. Eine Verbundenheit und das Gefühl: Er ist einfach weg. Ich habe fast nie von ihm geträumt, was ich unerhört fand. Ich dachte, er könne jetzt wirklich mal kommen und mir im Traum etwas erzählen.

Was mich gequält hat, ist, dass ich nicht wusste, wie es ihm geht. Ich habe von vierzig Tagen gelesen, die dieser Weg braucht, bis man im Jenseits angekommen ist. Was immer das auch bedeutet. Dieses Nichtwissen, wie hart dieser Weg ist, ob er traurig ist, ob er verzweifelt ist, ob er diesen Weg wirklich geht – das fand ich schwierig.

Glauben Sie an ein Jenseits?
Ich habe an den Weg geglaubt. Was danach kommt, weiß ich nicht.

Ist es nach den vierzig Tagen leichter geworden?
Ja, irgendwie dachte ich, jetzt ist er ja angekommen. Ich habe in dieser Zeit immer wieder Blumen und Teelichter an sein Bett gestellt, die dann die ganze Nacht gebrannt haben. Ich wollte ihm sozusagen etwas mitgeben auf den Weg. Das war für mich ein gewisser Trost, noch etwas für ihn tun zu können.

Warum war das wichtig für Sie?
Man weiß ja nicht genau, ob man wirklich daran glaubt oder ob man einfach bestimmte Rituale, bestimmte Handlungen braucht, irgendetwas, um sich daran festzuhalten. Wenn man da plötzlich alleine sitzt, bricht ja erstmal alles zusammen. Auf einmal gibt es kein Wir mehr, aber es gibt auch kein Ich mehr. Ich hatte das Gefühl, aus vielen Einzelteilen zu bestehen, aber ich wusste gar nicht, wie ich mich wieder zusammensetzen sollte. Zehn Jahre dieses intensive Dasein für ihn – das konnte ich ja nicht abschütteln und sagen, jetzt gehe ich wieder in irgendein Leben, das man normal nennt. Das musste sich erst entwickeln – und ich musste es sich auch entwickeln lassen.

Was hat Ihnen dabei geholfen?
Ich habe viel zu früh angefangen zu arbeiten. Vier Wochen, nachdem er gestorben war, moderierte ich eine Veranstaltung über den Tod.

Alle Achtung.
Ich weiß nicht, da könnte man auch sagen, die Frau ist bekloppt.

Also hat es nicht geholfen?
Die Moderation ging sogar. Aber hinterher ging man zusammen essen. Das habe ich nicht ausgehalten, da bin ich abgehauen.

Sie schreiben, dass es neben der Traurigkeit über seinen Tod auch die Traurigkeit über sein Leben und die Krankheit gab, und das Weh über die verpassten Jahre.
Na ja, es ist einerseits das Weh und andererseits die Wut. Ich habe tatsächlich gedacht: All die verpassten Jahre, was haben wir für einen Unsinn betrieben, warum haben wir nicht rechtzeitig gemerkt, dass eine so tiefe Verbundenheit zwischen uns ist, dass es Blödsinn gewesen wäre, sich zu trennen, warum haben wir das nicht hingekriegt?

Und dann aber auch die unglaubliche Wut auf ihn. Warum war er denn so, wie er war, und warum hat er sich so verhalten? Warum hat er es zu den Schlaganfällen kommen lassen …? Diese widersprüchlichen Gefühle bescherten mir schlaflose Nächte. Und ich war sicher auch ungerecht. Das hat gedauert, das hat lange gedauert. Aber ich habe immer gedacht, dass es besser ist, sie zuzulassen. Ich hatte Angst, in einen Kokon zu kriechen und den Schmerz nicht mehr zu spüren. Das habe ich immer wieder beobachtet bei Leuten, die ihre Trauer nicht wirklich an sich rankommen lassen. Das möchte ich nicht. Wenn es geht, möchte ich den Schmerz fühlen, auch die Lebendigkeit des

Schmerzes. Schmerz und Traurigkeit sind ja ganz lebendige Gefühle.

Und wenn man sich nur auf die Mitte beschränkt, geht auf beiden Seiten etwas verloren.

Das sagt auch Arno Gruen, der von mir so geliebte Psychoanalytiker, der leider tot ist: Wer Schmerz nicht wirklich fühlen will, der kann auch wahre Freude nicht empfinden.

»Ich wollte schon immer eine heitere Alte werden«, schreiben Sie. »Weil Heiterkeit die Melancholie nicht fortjagt, sondern sie liebevoll annimmt, sie aufnimmt in sich. Weil sie leicht bitter schmeckt nach Schattenwelt, weil sie weiß um lauernde Lebensbeschädigungen und trotzdem grinst. Lustigkeit ist Ablenkung, Heiterkeit ist Trost.«

Heiterkeit hat etwas Sanftes, Fröhliches, Trauriges, alles auf einmal. Manchmal ist das, was einem guttut, ja nicht so offensichtlich. Das ist mir in diesen Pandemie-Zeiten aufgefallen. Wir müssen die Dinge, die uns heiter stimmen, aus ihren Schlupflöchern zupfen. Die verstecken sich ja manchmal. Man denkt immer, es müsste irgendwas Großes passieren, dabei ist es in Wirklichkeit die Amsel, die auf meinem Balkon singt. Das finde ich ganz wunderbar.

Sie sagen auch, dass unsere Lebendigkeit in der Sehnsucht liegt.

Das hat viel mit Lebenserfahrung, dem Alter zu tun. Man weiß, es werden zwar nicht mehr alle Sehnsüchte erfüllt, man kann aber den Zustand der Sehnsucht schätzen lernen. Er hat ja auch viel mit Zärtlichkeit und mit Gefühlen zu tun. Manchmal ist es traurig, wenn man weiß, dass eine Sehnsucht nicht mehr erfüllt werden wird, doch man wird auch ein bisschen … ich will jetzt nicht demütig sagen … bescheidener im Alter. Die Sehnsucht hat ja manchmal etwas größere Horizonte. Dass die sich mit den Jahren verengen, ist ein ganz normaler Zustand, das muss man lernen. Alles ist unentwegt ein Lernprozess. Das hört nie auf, macht es aber auch so spannend.

10 Thirty years wiser

Über posttraumatisches Wachstum

> Vielleicht hat Trauern damit zu tun,
> dass man sich bereit erklärt,
> eine Veränderung durchzumachen,
> deren ganzes Ergebnis man nicht im Voraus
> wissen kann.
>
> JUDITH BUTLER, GEFÄHRDETES LEBEN

Hätte ich eine App benutzt, um im ersten Jahr nach Stefans Tod meine Bewegungen aufzuzeichnen, wäre ein sehr übersichtliches kleines Bild entstanden: eine rote Linie von meiner Wohnung zum Apfelbaum am Landwehrkanal und wieder zurück, dazwischen Spaziergänge in den Plänterwald oder kreuz und quer durch meinen Kiez. Geschätzter Radius: fünf Kilometer. Dreh- und Angelpunkt dieser Zeit war meine Wohnung, nein, mein Bett. Mein Rückzugsort, mein Schutzraum, meine Höhle, mein Heiligtum. Irgendwann brach ein weiteres Jahr an. *Es ist Neujahr,* stand auf einem meiner Zettel. *Raus auf die Terrasse. Nacht, Schwärze. Vor mir eine Wand. Nur mein weißer Atem sagt Leben. Plötzlich tauchen Umrisse auf. Bäume, Sträucher, blasse Sterne. Langsam, ein Objekt nach dem anderen. Eine Welt. Eine Welt, in der vieles noch im Schatten liegt. Aber eine Welt.*

Diese Welt wollte ich sehen.

Also traf ich eine Entscheidung.

Und kaufte ein Ticket.

Für einen Flug nach Dublin. Hinflug: nächste Woche. Rückflug: unbekannt. Es gab keine Reiseroute, keinen Plan. Es gab nur mich, dieses Ticket, ein minimales Reisebudget und einen roten Backpacker-Rucksack, den ich mir am Abend vor dem Abflug von einer Freundin ausgeliehen hatte. Außerdem hatte ich eine ständige Begleiterin bei mir: die Melancholie. »Wenn ich melancholisch bin, geht es mir gut«, sagt der österreichische Philosoph Thomas Macho. »Wer melancholisch ist, neigt zum Flanieren, zum Gehen und diesem dynamisierenden ›Wo du nicht bist, ist das Glück‹-Gefühl. Melancholie bringt mich in Bewegung.«[56]

Auf diesen Reisen – mein Flug nach Dublin sollte der Auftakt für viele weitere Aufbrüche sein – übernachtete ich bei Leuten, die ich irgendwo auf der Straße traf, und denen ich im Gegenzug im Garten oder im Haushalt half. Ich zog weiter. Suchte. Arbeitete auf Farmen, erntete Obst und Gemüse und schippte literweise Kuhmist. Ließ mich treiben. Traf auf Seehunde, Wale und Papageientaucher. So lange, bis ich das Gefühl hatte, dass es Zeit war, nach Hause zurückzukehren.

Wenn ich an meine erste Reise denke, kommt mir eine Szene in den Sinn, die mir irgendwo an der Westküste Irlands passierte. In den ersten beiden Tagen nach meiner Ankunft ging ich dort eine kleine Straße entlang, seit einer halben Stunde war mir nur ein Auto begegnet. Links und rechts säumte eine niedrige Steinmauer den Weg, dahinter erstreckte sich kilometerweit dieses typische irische Grün. Ich folgte dem Weg eine Anhöhe hinauf, meine Beine schmerzten, der Rucksack auf meinen Schultern fühlte sich schwer an. Als die Straße um eine kleine Kurve bog, tat sich plötzlich vor mir das Meer auf. Ich blickte auf Klippen, gegen die die Wellen brandeten, und gegenüber, am anderen Ende der Bucht, auf eine kleine Kirche, die direkt ans Wasser gebaut war. Ich fühlte mich winzig klein und trotzdem, zum ersten Mal seit Stefans Tod, als Teil dieser Welt.

Zurück auf Start

Um meine Reisen richtig erzählen zu können, muss ich einige Jahre zurückgehen.

In meinem beruflichen Leben hatte ich nie so richtig nein zu etwas gesagt. Aber auch nicht so richtig absichtlich ja. Eins hatte zum anderen geführt, das Studium zu meinem Auslandsaufenthalt in London, mein Praktikum in einer Literaturagentur zu einem Volontariat in eben jenem Frankfurter Verlag, in dem ich Andrea kennenlernte. Von da aus war es nur noch ein kleiner Schritt zu meinem ersten Job in Berlin. Ich führte ein privilegiertes Leben, das sich jedoch – tief in mir drin – falsch anfühlte. Fast so, als lebte ich das Leben einer anderen Person.

Ich hatte einen stressigen *Nine-to-five*-Arbeitsalltag, den ich in einem adretten, repräsentativen Outfit bestritt. Ich hinterfragte nie, ob es wirklich das war, was ich wollte. Ich ging einfach davon aus, dass man das so macht – sich einen guten Job suchen, kontinuierlich auf der Karriereleiter nach oben klettern und sich die größtmögliche finanzielle Sicherheit aufbauen. Irgendwann hatte ich mein Leben fast zehn Jahre lang nach diesen Überzeugungen ausgerichtet, die nicht meine waren. Und obwohl ich vieles ausprobierte – neue Aufgaben innerhalb meiner Abteilung, Teil- statt Vollzeit –, nagte da weiterhin dieses Gefühl, dass etwas ganz und gar nicht stimmte. Als ich immer öfter krank wurde, sprachen noch immer zu viele gute Gründe dafür, alles so zu lassen, wie es war. Einen unbefristeten Arbeitsvertrag in einem renommierten Unternehmen gibt man doch nicht einfach so auf, oder?

Nachdem ich einige Monate krankgeschrieben war (richtig, die Anpassungsstörung) und ich mich langsam besser fühlte, dämmerte mir, dass ich mein entschleunigtes Dasein nicht wieder gegen meinen vorherigen Arbeitsalltag eintauschen wollte. Ich hatte mein Leben von innen nach außen gekrempelt und konnte nicht einfach dorthin zurück, wo ich begonnen hatte.

Und dann überraschte ich mich selbst.

Ich beschloss, meinen Job an den Nagel zu hängen. Und zwar ohne Plan B. Beides machte mir fürchterliche Angst. Das war doppelt unbekanntes Terrain. »Warum suchst du dir nicht erst mal einen anderen Job, bevor du alles hinschmeißt?«, fragte mich eine Bekannte. Doch ich wollte keinen sanften Übergang von einem Job in den nächsten. Was ich brauchte, war ein radikaler Bruch.

Ich hatte einige vage Ideen, wie ich mit freien Aufträgen Geld verdienen könnte, außerdem hatte ich in den Jahren zuvor ein wenig Geld gespart. Irgendwie würde es schon gehen. Doch jetzt wollte vor allem ich eines: weg. Wenn wir, dachte ich, keine Kontrolle haben; wenn das Leben sich innerhalb von Minuten radikal für immer verändert und wir nichts dagegen tun können, dann ist es Zeit, ein Risiko einzugehen. Zeit, meine vermeintliche Sicherheit einzutauschen für eine Chance auf ein Leben, das sich richtig anfühlt. Also suchte ich eine Untermieterin für meine Wohnung und schulterte den roten Rucksack.

Aber das war noch nicht alles.

Nicht nur mein berufliches Leben, auch mein Sozialleben veränderte sich. Susann erklärt im Kapitel »Nicht ganz bei Trost«, warum Trauer das Potenzial für große Nähe hat: Weil Trauernde keinen Sinn für Höflichkeiten haben, erlebt man einander ungefiltert. Aber auch sich selbst tritt man ungefiltert gegenüber. Ich lernte nicht nur das Alleinsein auszuhalten, sondern auch all das, was damit nach oben kommt. Akzeptierte, dass ich in bestimmten Situationen überreizt und überfordert bin, dass ich Ruhe und viel Zeit für mich selbst brauche (und das nicht nur, wenn ich akut trauere). Kurzum, ich lernte mich besser kennen. Und ich lernte etwas, das ich bis heute anwende: Wenn mir etwas nicht guttut, sage ich einfach nein.

Eine echte Wunderwaffe, oder, wie Susann sagen würde, eine innere Revolution.

Bevor Stefan starb, hatte ich einen riesigen Freundes- und Bekanntenkreis, ich war viel unterwegs und ging häufig über meine Grenzen. Mittlerweile lebe ich anders. Habe weniger Freundschaften, die dafür umso intensiver sind. Die schönsten Freundschaften sind für mich die, in denen jede:r gut auf sich achtet. Das heißt: Freundschaften, in denen es okay ist, wenn man sich nicht so häufig sieht. Freundschaften, in denen es Raum für kurzfristige Absagen gibt, weil es gerade nicht geht. Freundschaften, bei denen man weiß: Wenn wir uns sehen, dann, weil wir beide wollen. Und können. Das Schöne am Sich-selbst-besser-Kennlernen ist nämlich: Man lernt auch, mehr Verständnis für die Bedürfnisse anderer aufzubringen.

Und die Krise? Wie für mich kann sie für viele Menschen einen Wendepunkt in ihrem Leben darstellen. Die Positive Psychologie spricht hier von sogenanntem posttraumatischem Wachstum. »Mit posttraumatischem Wachstum sind positive psychologische Veränderungen gemeint, die von Betroffenen als Ergebnis oder Folge des Bewältigungsprozesses von extrem belastenden Lebensereignissen berichtet werden.«[57]

Diese Veränderungen sind nicht Teil einer »natürlichen« Entwicklung – sie finden also nicht trotz, sondern wegen des traumatischen Erlebnisses statt, und zwar auf verschiedenen Ebenen. Ein Forscherteam rund um den Psychologen Richard Tedeschi hat fünf Bereiche benannt, in denen sie sich zeigen.* »Kurz zusammengefasst, ändern sich die Einstellung zu einem selbst, Beziehungen zu anderen und die Lebensphilosophie«, erklärt Tedeschi, der den Begriff des posttraumatischen Wachstums Mitte der 1990er Jahre prägte. Der Forscher geht davon aus, dass über neunzig Prozent der Menschen, die ein Trauma erleben, mindestens in einem der fünf Bereiche Wachstum erfahren. Eine wichtige Quintessenz dieses Modells lautet: »Eine der häufigsten Erfahrungen nach einer großen Krise ist, dass man das Leben wieder schätzen lernt.«[58]

Her mit dem Trauma?!

Das Modell eines posttraumatischen Wachstums rief bei mir ambivalente Gefühle hervor. Einerseits erkannte ich mich darin wieder. Andererseits klang es so, als ob ein Trauma das Beste sei, was einem passieren kann. Es erinnert mich unangenehm an einen Satz, den manche Trauernde zu hören bekommen: »Du wirst daran wachsen«. Glücklicherweise hat sich mir gegenüber niemand so geäußert, falls doch – wäre ich der Person ins Gesicht gesprungen. »Es ist wichtig klarzustellen, dass nicht jeder wächst, und wir wollen nicht so tun, als sei ein Trauma etwas Gutes«, erklärt Tedeschi. »Das Wachstum kommt nicht von dem Ereignis an sich, als wäre das, was geschehen ist, etwas Großartiges. Posttraumatisches Wachstum entsteht nicht aus dem Tod des geliebten Kindes,

* Tedeschi und seine Kollegen umreißen sie wie folgt: Intensivierung der Wertschätzung des Lebens, der persönlichen Beziehungen und des spirituellen Bewusstseins; Bewusstwerdung der eigenen Stärken sowie die Entdeckung von neuen Möglichkeiten im Leben.

sondern aus dem langen, mühevollen und schmerzhaften Kampf der Eltern, den Verlust zu bewältigen.«[59] Damit das gelingen kann, sind bestimmte Voraussetzungen notwendig. Studien belegen, dass es schwieriger ist, Krisen zu bewältigen, wenn in den vorangegangenen drei Jahren andere belastende Ereignisse wie beispielsweise eine schwere Krankheit, der Verlust des Arbeitsplatzes oder andere Todesfälle im nahen Umfeld aufgetreten sind.[60]

Ein weiterer einflussreicher Faktor, der bestimmt, wie wir eine Krise erleben, ist die soziale Unterstützung. Wir müssen über die Dinge sprechen (dürfen), um mit ihnen klarzukommen, wir brauchen bestimmte Ressourcen, damit posttraumatisches Wachstum überhaupt stattfinden kann. Meine Familie und meine Freund:innen ließen mich immer und immer wieder über das sprechen, was mich quälte. Ich hatte außerdem Zugang zu psychotherapeutischer Begleitung und konnte davon profitieren, dass eine Krankschreibung mich finanziell absicherte. Ich konnte es mir leisten, aus meinem Job auszusteigen. Es war also eine gute Portion Glück vonnöten – und, wie so oft im Leben, eine ganze Reihe von Privilegien.

Die Kehrseite der Vorstellung von posttraumatischem Wachstum ist – nun ja, der Wachstumsgedanke. Es ist leicht, sie zu einem weiteren Meilenstein auf dem Weg zur Selbstoptimierung umzudeuten – wir können (und sollten!) doch aus allem etwas Tolles machen, oder?

Nicht wirklich. Wir können auch einfach mal stehen lassen, dass der Verlust eines Menschen richtig beschissen ist. Oder auf die gute alte Ambiguitätstoleranz zurückkommen: Das eine funktioniert ohne das andere nicht, auch wenn es uns nicht gefällt. »*I have lived thirty years in these thirty days. I am thirty years sadder. I feel like I am thirty years wiser*«, schrieb die Managerin und Autorin Sheryl Sandberg nach dem überraschenden Tod ihres Mannes Dave auf ihrer Facebookseite – »In diesen dreißig Tagen habe ich dreißig Jahre gelebt. Ich bin dreißig Jahre trauriger. Und fühle mich dreißig Jahre weiser.« Wenn mich Stefans Tod eines gelehrt hat, dann das: Es gibt keine »Löschen«-Taste. Egal, wie viel Gutes bei der Bewältigung eines Verlusts herauskommt, es tilgt nicht den Schmerz, den wir erfahren haben. Es minimiert ihn auch nicht. Es steht einfach daneben.

Auch aus der Wissenschaft kam Kritik an der Theorie des posttraumatischen Wachstums. Es wurde bemängelt, dass die Analyse von derart komplexen psychischen Prozessen, die sich über einen langen Zeitraum erstrecken, anfällig für Fehlannahmen sind. Zudem wurde angezweifelt, inwiefern Betroffene in der Lage sind, ihre eigene Situation korrekt einzuschätzen.[61] Die Forscher:innen selbst stellen fest: »Es existieren einige kritische Stimmen zu dieser – möglicherweise einseitig optimistischen – Position (…), und es wurde die Hypothese aufgestellt, dass posttraumatische Reifung eine Form von defensiver Illusion sei.«[62]

Natürlich ist es wichtig, wissenschaftliche Modelle immer wieder kritisch zu überprüfen. Sicherlich sollte keine Theorie der Welt dazu angetan sein, Menschen, denen es schlecht geht, unter Druck zu setzen, etwas Schönes aus ihrem Leid zu machen. Vielleicht ist diese Art von Wachstum tatsächlich eine Illusion – doch wenn es Betroffene unterstützt, sich vorzustellen, dass das, was sie da gerade durchmachen, auch seine guten Seiten hat, finde ich das ziemlich hilfreich.

Nachspiel

Stefans Tod hat mein Leben in ein Davor und ein Danach geteilt. Etwas, das diese beiden Leben unterscheidet, ist mein Verhältnis zum Tod. In meinem alten Leben war der Gedanke an meinen eigenen Tod unerträglich. Ich hatte das Gefühl, gar nicht richtig gelebt zu haben. Heute ist das anders. In den letzten sieben Jahren habe ich verdammt viel gelebt. Intensiv, mit Glück und mit Schmerzen und allem drum und dran. Dass ich sterben muss, empfinde ich nicht mehr als quälend. Allerdings ist an diese Stelle etwas anderes getreten.

»Dass dieser Tod mich nicht vollständig vernichtet, heißt, dass ich entschlossen bin zu leben, verzweifelt, wahnsinnig entschlossen, und dass deshalb die Angst vor meinem eigenen Tod ständig da ist«, schreibt der verstorbene französische Philosoph und Autor Roland Barthes nach dem Tod seiner Mutter.[63] Das kann ich gut nachvollziehen, denn der Tod ist auch in meinem neuen Leben ständig da. Ich habe tote Menschen verschiedensten Alters gesehen, die jüngsten waren Babys. Ich kann es mir nicht mehr leisten zu denken, dass der Tod mich (noch) nicht betrifft. Ich weiß: Er ist allgegenwärtig und unkontrollierbar. Seine Präsenz gibt meinem Leben Tiefe, nimmt ihm aber auch etwas. Als ich vor mittlerweile zehn Jahren einen Monat in Paris verbrachte, ging ich sonntagabends gern an den Quai Saint-Bernard am Ufer der Seine. Dort wurde getanzt, Swing und Tango. Ich saß unten auf den Stufen des Quai und schaute den Tanzenden zu. Immer mal wieder kam jemand auf mich zu, mit ausgestreckter Hand. Ich lächelte freundlich-distanziert und sagte: »*Je ne danse pas.*« Ich tanze nicht.

Je ne danse pas. Manchmal wünsche ich mir jenes Ich zurück, das dem Tod dieses freundlich-distanzierte Lächeln zuwirft. Das ihm eine Weile ins Gesicht schaut, um sich dann umzudrehen und einfach wieder nach Hause zu gehen. Doch ich mag auch mein anderes Ich. Es ist ein kleines bisschen versehrt, vielleicht etwas weicher, aber auch kritischer. Es weiß mehr vom Tod, aber eben auch vom Leben. Und meistens fühlt sich das gar nicht so schlecht an.

Buch: Tomas Espedal, *Gehen oder die Kunst, ein wildes und poetisches Leben zu führen*
Song: Amanda Palmer, *The Ride*
Film: *Nothing Personal*

11 Die Sache mit der schwarzen Wolke

Über Suizid

Tod ist die Apokalypse
in der ersten Person Singular.

SALLY ROONEY, SCHÖNE WELT, WO BIST DU

Seit ich denken kann, wollte mein Bruder Pilot beim Militär werden. Er klebte in stundenlanger Bastelarbeit Plastikmodelle verschiedenster sowjetischer Kampfjets zusammen, bemalte sie originalgetreu und stellte sie auf jeden freien Platz, den er auf den Schränken in unserem Kinderzimmer finden konnte. Bis Hansi bei uns einzog, mein Wellensittich.

Hansi flog frei in der Wohnung herum und zerstörte bei seinen ambitionierten Landeanflügen fast alle der kleinen Plastikjets. Es muss der Anfang vom Ende des Traums vom Kampfpiloten für meinen Bruder gewesen sein. Als er sich einige Jahre später tatsächlich für die Fliegerstaffel bewarb, erhielt er eine Absage. Weil er zu groß war. Merkwürdigerweise war ich es, die ein paar Jahre später mit dem Segelfliegen begann.

Kurz nach dem Tod meines Vaters lud ich meinen Bruder zu einem Fallschirmlehrgang ein. Er sagte zu. An der offenen

Flugzeugtür in dreitausend Metern Höhe erlebten wir ihn dann gemeinsam, diesen unverwechselbaren Moment *reiner* Furcht. Mein Bruder sprang zuerst, und im Gegensatz zu mir hatte er Talent – im Springen, nicht aber im Landen. Er verschätzte sich dabei und prellte sich derart den Steiß, dass er noch Wochen später im Stehen frühstückte. Sein Absprung aber war unfassbar schön: Er stieß sich kraftvoll von der Kante ab, breitete Arme und Beine aus, reckte der Welt die Brust entgegen und sprang ins Nichts. Ich bewunderte ihn dafür. Ich selbst machte beim Absprung eine eher jämmerliche Figur: den Kopf zwischen den Schultern hielt ich Arme und Beine angezogenen, bis der Schirm aufging.

Es heißt, Fallschirmspringen sei ein *parasuizidaler* Sport. Ich kann nicht sagen, dass ich bei diesen Sprüngen ins Nichts Todessehnsucht verspürt hätte. Ich hatte nie Suizidgedanken, die über eine theoretisch-philosophische Dimension hinausgegangen wären – abgesehen von Momenten sehr starker Erschöpfung, die aber wohl eher einem übergroßen Schlafbedürfnis geschuldet waren. Trotzdem brachte mir der Verlust meines Vaters die Tatsache näher, dass auch ich sterben würde: Ich wurde zur Draufgängerin, ich wollte alles mitnehmen, was das Leben mir bot, ich war radikal hungrig auf einfach *alles*. Ich stellte mir mein Leben vor, und es gefiel mir. Mein Bruder hatte auf seine Art keine Angst mehr. Ich denke, er stellte sich seinen Tod vor, und er gefiel ihm.

Ich wusste lange nicht, dass Menschen mit einem Suizid in ihrer Familiengeschichte mit einem besonders hohen Risiko leben, selbst an Suizid zu sterben. Ich hielt es für ausgeschlossen, dass man dazu in der Lage sein könne, wenn man weiß, welche Krater diese Tat hinterlässt. Das war auch das

Erste, was ich zu den Polizisten sagte, die mir die Nachricht überbrachten, er hätte sich das Leben genommen: »Das kann nicht sein. Er weiß doch, wie das ist!«

Was es zu sagen gibt

Dürfen wir über Suizid sprechen? – Wir müssen sogar. Denn er betrifft unglaublich viele Menschen. Laut WHO nehmen sich in Deutschland täglich zirka dreißig Menschen das Leben. Das sind knapp zehntausend pro Jahr, und auf jeden Suizid kommen etwa zwanzig Suizidversuche.[64] Jeder dieser Menschen hat fünf bis sieben nahe Angehörige. Über den Daumen gepeilt ergibt das etwa 1,5 Millionen Menschen – nur in Deutschland –, die pro Jahr auf die eine oder andere Weise damit zu tun bekommen. Es gibt also großen Gesprächsbedarf.

Trotzdem herrscht noch immer tiefes Schweigen vor, wenn es um Suizid geht. Den meisten von uns fährt ein großer Schrecken in die Glieder, wenn sich jemand das Leben nimmt – und wir gehen auf Abstand. Das mag zum einen daran liegen, dass etwas Essenzielles aus dem Lot gerät. Den Daseinswillen so endgültig verneint zu sehen macht Angst. Zum anderen liegt es an der Befürchtung, zur Nachahmung anzuregen: Die Suizidalität in der Bevölkerung steht nachweislich eng in Zusammenhang mit Berichten über Suizide, vor allem in den Medien – das ist der berühmte Werther-Effekt. Darum fordert der ethische Presserat Zurückhaltung bei der Berichterstattung über diese Todesart.

Das heißt aber nicht, dass wir gar nicht über Suizid sprechen sollten. Es kommt vielmehr auf das *Wie* an. Eine sensible Sprachwahl hat oberste Priorität. Selbstmord zum Beispiel ist keine wertfreie Bezeichnung, sie kriminalisiert Tat und Täter:in. Juristisch gesehen ist Mord die Tötung eines Menschen aus niederen Beweggründen, das heißt aus (moralisch) besonders verachtenswerten Gründen. Mein Vater und mein Bruder sind aber keine Mörder, und die Gründe für ihre Tat sind nicht niederträchtig. Ich empfinde es als verletzend, wenn jemand sagt, sie hätten Selbstmord begangen. Ich bevorzuge die Ausdrücke Selbsttötung oder Suizid oder spreche davon, dass sie sich das Leben genommen haben. Freitod klingt mir zu hübsch, Selbstentleibung* zu archaisch, und alles, was auf irgendeine Methode referiert, finde ich unerträglich. Sich den Strick nehmen, zum Beispiel, oder sich die Kugel geben – schrecklich!

Gut, sprechen wir also darüber. Aber wie? – Beispielsweise mit Geschichten. Wir brauchen Geschichten von Menschen, die es geschafft haben, eine suizidale Krise zu überwinden, und Menschen, die uns erzählen, wie es sich anfühlt, jemanden durch Suizid zu verlieren. Die Journalistin Saskia Jungnikl erzählt, dass sie nach ihrem Buch *Papa hat sich erschossen* große Mengen von Zuschriften bekam, meistens von älteren Männern, die durch die Lektüre erstmals verstanden hatten, wie schlimm ein Suizid für diejenigen ist, die zurückbleiben. Ihr Buch liegt jetzt bei vielen von ihnen in der Schreibtischschublade, für alle Fälle.[65]

Nebenbei bemerkt: Zum Sprechen über Suizid gehören

* Wenn es ein »Krassestes Wort des Jahres« gäbe, wäre »Selbstentleibung« unter meinen Favoriten.

selbstverständlich auch Hinweise auf Hilfsangebote, wie etwa die Nummer des Krisentelefons oder einer Suizidambulanz. Unsere Empfehlungen stehen am Ende dieses Kapitels.

Vorurteile und Mythen

Tabuthemen bringen gerne einen großen Vorrat an Vorurteilen und Mythen mit sich. In Bezug auf Suizid ist so manches aus diesem Vorrat uralt und zäh. Wie die Sache mit dem Friedhof, nach der mich eine Bekannte fragte, als mein Vater gestorben war. Ob er denn überhaupt auf dem Friedhof begraben werden könne? Wegen geweihter Erde und Sünde und so. Oha. Ja, das ist seit dem 16. Jahrhundert wieder üblich, hätte ich antworten sollen.

Richtig ist, dass Selbsttötung im christlichen Mittelalter als schwere Sünde galt und der oder die Tote wie eine Verbrecher:in behandelt wurde.[66] Es kam vor, dass Menschen, die sich selbst getötet hatten, als Selbstmörder:innen verurteilt und (obwohl bereits tot) hingerichtet wurden, manchmal sogar verstümmelt. Bei ihrer Bestattung – wenn sie denn stattfand – spielte Aberglaube eine große Rolle. Da die Menschen befürchteten, die Toten könnten Wiedergänger sein – also nachts aus dem Grabe steigen, um Krankheit und Verderben über die Lebenden zu bringen –, pfählte man sie im Grab oder legte sie gefesselt hinein. Oder man verteilte Dornen über ihnen, bevor man das Grab zuschüttete.

Ab dem 16. Jahrhundert schaffte man die Praxis ab, den Leichnam der Suizident:innen an Weggabelungen zu verscharren oder in Mooren zu versenken. Sie bekamen einen

Platz auf dem Friedhof – wenngleich ohne Ritus und Priester. Man begrub sie, wie auch die ungetauften Kinder, in ungeweihter Erde an der Nordmauer, die als dämonisch galt.

Damit die Toten den Weg zurück nicht fänden, wurde der Sarg nicht durch das Friedhofstor gebracht, sondern über die Mauer gehoben. Da man auch das Haus schützen wollte, trug man die verstorbenen Suizident:innen nicht aus der Haustür, sondern suchte sich andere Wege (beispielsweise das Fenster). Manchmal legte man ihre Körper mit dem Gesicht nach unten ins Grab, um die schlechte Energie ins Erdinnere zu leiten.

Heute werden in Deutschland alle Menschen auf einem Friedhof oder Friedwald oder auf hoher See bestattet. Egal, wie sie zu Tode gekommen sind. Auch, wenn sie sich selbst das Leben nahmen. Die Urnen meines Bruders und meines Vaters sind sogar im selben Grab bestattet. Der Gedanke, dass sie dort zusammen sind, macht mich irgendwie froh.

Auch die Sache mit dem Abschiedsbrief ist so ein Mythos. In ihm klingt eine romantische Verklärung mit, die Möglichkeit, das Unbegreifliche in einer abschließenden Erklärung doch noch fassen zu können. Aber solche Notizen werden weitaus seltener verfasst, als angenommen wird. Und noch seltener enthalten sie aufschlussreiche Informationen zum Motiv oder geben Antworten auf all die Fragen, die sich den Hinterbliebenen aufdrängen. Was mein Vater schrieb – »Ich kann nicht mehr. Bitte verzeiht mir.« –, macht mich heute noch fertig. Oft habe ich über die letzten Momente in seinem Leben nachgedacht, habe versucht, sie mir vorzustellen. Wie er einen Stift nimmt und einen Zettel, wie er sich hinsetzt und diese zwei Sätze schreibt. Dann starrt er vielleicht noch eine Weile aus dem Fenster. Und dann steht er auf, geht aus der Tür, die Treppe hinunter und in die Garage. Er zieht das Tor von innen zu, trifft alle notwendigen Vorkehrungen, setzt sich ins Auto. Und dreht den Autoschlüssel, bis der Motor anspringt. Überkam ihn in diesem Moment kein kurzes Zweifeln? Was ging ihm durch den Kopf? Hat er sich vorgestellt, wie meine Mutter ihn findet? Wie sie uns Kinder anrufen muss, um zu sagen: »Vati ist tot«? Wie wir alle an seinem Grab stehen?

Der suizidale Modus

Psychologen sprechen von einem suizidalen Modus, einem zeitlich begrenzten Zustand, der kurz vor der Tat eintritt und von Überlebenden als sogenanntes Tunneln beschrieben wird: Die Gedankenwelt verengt sich, die Betroffenen fokussieren sich ausschließlich auf den unerträglichen seelischen Schmerz, dem sie ein Ende bereiten wollen. Die kognitiven Funktionen sind stark eingeschränkt – ein Mensch in diesem Zustand ist nicht in der Lage, seine Gedanken auf seine Familie oder seine Freunde zu lenken. Und wenn, dann empfindet er sich selbst als Belastung und ist bereit zu glauben, er würde alle »entlasten«, wenn er sich selbst aus der Welt brächte. So ungefähr tickt Suizidlogik.

In diesem Zustand verändern sich die Körperfunktionen wie in einem akuten Stresszustand, und die Betroffenen überkommt unter anderem Schwindel und Zittern oder sie empfinden eine starke Unruhe.

»Niemand bringt sich gerne um«, heißt es.[67] Suizid ist eine

Verzweiflungstat. Häufig geht es nicht darum, das Leben zu beenden, sondern es so, wie es ist, nicht weiterleben zu wollen. Suizid ist, wie der Autor Andrew Solomon treffend feststellt, »berüchtigtermaßen eine Dauerlösung oft vorübergehender Probleme«.[68] Aber selbst wenn es nachvollziehbare Gründe geben sollte: Der letzte Moment, jener, in dem der Suizident den finalen Schritt macht, bleibt für Außenstehende unvorstellbar.

Warum

Die Frage nach dem Warum ist der Klassiker. Mitmenschen fragen Hinterbliebene. Hinterbliebene fragen ihre Toten, immer und immer wieder. Eine Antwort erhalten sie nicht, jedenfalls keine einfache.

Oft führt eine Verkettung von Umständen und Dispositionen zur Tat. Zum Beispiel eine akute Lebenskrise im Zusammenspiel mit sozialen, kulturellen und psychologischen Risikofaktoren. Die Geschichte meines Bruders ließe sich so erzählen: Er folgte einer Liebe, zog in ein anderes Bundesland, hatte seinen Freundeskreis verlassen und die Arbeitsstelle gewechselt. Als die Beziehung zerbrach, stürzte er ab, blieb fast zwei Jahre isoliert in einer Wohnung, in der die Umzugskisten noch unausgepackt herumstanden, als man ihn fand. Er verlor seinen Arbeitsplatz, die Wohnung wurde gekündigt, die Räumungsklage lag offen auf seinem Schreibtisch im Wohnzimmer. Vielleicht hätte er diese Krise überstanden, hätte er nach Hilfe gefragt. Vielleicht stand ihm die Möglichkeit der Selbsttötung so klar vor Augen, weil unser

Vater sie ihm so real gezeigt hatte. Vielleicht spielten ganz andere Faktoren eine Rolle; ich werde es nie erfahren. Fakt ist: Er war vorbelastet durch Suizid, er war arm, depressiv, männlich und 44 Jahre alt. Und damit Hochrisikogruppe. Laut einem Bericht zur Suizidprävention der WHO ist in Ländern mit höherem Einkommen die Suizidrate bei Männern dreimal höher als bei Frauen.[69] Weitere Faktoren sind steigendes Alter (fast vierzig Prozent aller Suizident:innen sind älter als sechzig), auch wenn in manchen Ländern dieser Welt die Suizidrate unter jungen Menschen am höchsten ist. Armut, akute oder chronische Lebensbelastungen, Erfahrung von sexueller Gewalt sowie Fluchterlebnisse gehören ebenso zu den Risikofaktoren wie die Zugehörigkeit zur LGBTQI+-Community. Generell sind die Suizidraten höher bei Menschen, die einer Minderheit angehören oder diskriminiert werden. Der Zusammenhang zwischen Suizidalität und psychischen Erkrankungen ist mittlerweile belegt, allerdings sollte man mit starken Verallgemeinerungen aufpassen, da es immer auf den Kontext ankommt.

Suizid ist ein individueller Schritt, der oft auch gesellschaftliche Ursachen hat. In einer Welt, die Leistung und Kapital als ihre wichtigsten Ziele definiert, bleiben Menschen auf der Strecke, die für diese Zwecke schlechte Voraussetzungen mitbringen. Wer arm geboren wird, vor Kriegen fliehen musste, traumatisiert ist oder aufgrund der eigenen Sexualität oder Hautfarbe ausgegrenzt wird, hat schlechte Karten. Wer in solchen Situationen keine Unterstützung bekommt, auch nicht in Form von gesellschaftlicher Anerkennung und Wertschätzung, sieht oft nur noch zwei Optionen: die Enttäuschung gegen die Gesellschaft zu richten –

oder eben gegen sich selbst. In diesem Zusammenhang ließe sich die Geschichte meines Vaters so erzählen: Nachdem die Mauer gefallen war, bekam er nur noch Jobs, für die er überqualifiziert war. Als ausgebildeter Waagen-Bauer verfügte er über sehr spezielles Wissen und exquisite Feinmotorik. Nichts davon konnte er noch zum Einsatz bringen, es war wertlos geworden. Sein bisheriger Lebensentwurf schien völlig überflüssig geworden zu sein. Zum Schluss arbeitete er im Tiefbau und litt unter der dortigen rauen Atmosphäre sehr. Zudem musste er sich zu Unrecht, wie er sagte, für die Fehler eines Vorgesetzten vor Gericht verantworten. Als auch noch seine Ehe zerbrach, war er längst in einer handfesten Lebenskrise, auf die er leider nur noch eine endgültige Antwort fand.

Freiheit

»Niemand hat das Recht, sich das Leben zu nehmen, aber alle haben die Freiheit dazu.« Dieser Satz, den ich mir von Caros Therapeutin ausgeliehen habe, bringt sehr treffend auf den Punkt, auf welche Frage die Suizidthematik immer wieder zurückführt: Wem gehört mein Leben? Genaugenommen ist das eine Scheinfrage, führt sie doch schon ein besitzanzeigendes Pronomen mit sich: *mein*. Mein Leben heißt, es gehört mir.

Oder nicht?

Nun ja. Wir kennen weltweit religiöse, moralische oder rechtliche Suizidverbote. Die meisten berufen sich auf die Feststellung, unser Leben gehöre eben nicht uns selbst. Sondern der Familie, Gott, dem Staat – oder welcher Instanz auch immer. Nachdem die Tochter von Karl Marx und ihr Mann sich gemeinsam das Leben genommen hatten, soll Lenin den Doppel-Suizid mit den Worten kommentiert haben, »ein Sozialist gehört nicht sich selbst, sondern der Partei«.

Der heutige Rechtsstaat hat eine eigene Antwort darauf. In vielen Staaten, so auch in Deutschland, ist Suizid keine Straftat. Es gilt das Selbstbestimmungsrecht, also die grundsätzliche Entscheidungsfreiheit für jeden Menschen. Egal, ob es darum geht, was wir anziehen, welche Kopfbedeckung wir wählen oder mit wem wir beschließen, das Bett zu teilen. Die Entscheidung über das eigene Ende zählt natürlich auch dazu – vorausgesetzt, die eigene Entscheidungsfähigkeit ist nicht eingeschränkt und niemand anderes kommt zu Schaden.*

Und da ist es, das große Aber: Die Entscheidung für einen Suizid betrifft zwangsläufig andere Menschen. Diejenigen, die zurückblieben, bekommen nämlich richtig was zu tun. Und zwar mit sich selbst: Nicht nur ihr Grundvertrauen in das Leben wird erschüttert, sondern sie zweifeln auch am Wert der eigenen Existenz. Sie sind, denken sie, nicht wichtig genug, um die Mutter, den Freund, die Schwester davon abzuhalten, sich zu töten. Diese Ohnmachtserfahrung ist für die Psyche bedrohlich. Deshalb verletzt, wer sich selbst tötet, seine Mitmenschen massiv. Und das gilt nicht nur für die harten Fälle, in denen Gewalt eine Rolle spielt und jemand

* Auf die Sterbehilfe-Debatte kann ich an dieser Stelle nicht eingehen, obwohl sie eng mit der Frage zusammenhängt, wem das eigene Leben gehört. Interessierten empfehle ich das Buch des Theologen und Ethikers Jean-Pierre Wils: »Sich den Tod geben. Suizid als letzte Emanzipation?«.

durch das Auffinden des toten Körpers traumatisiert wird. Es gilt auch für die sanften, die mit anderen abgesprochenen, die begleiteten Suizide. Andrew Solomon stand seiner Mutter bei ihrem Suizid bei, der auf ein langes Krebsleiden folgte. In seinem Buch schreibt er: »Der Selbstmord meiner Mutter ist die große Katastrophe meines Lebens, auch wenn ich sie dafür bewundere und an seine Richtigkeit glaube. Er bedrückt mich so stark, dass ich meist davor zurückschrecke, im Einzelnen darüber nachzudenken oder zu reden. Das simple Faktum ist heute Teil meines Lebens, und dazu stehe ich auch – doch seine Realität steckt in mir wie eine scharfe Klinge, die mich bei jeder Regung schneidet.«[70]

Vielleicht sind wir alle wesentlich weniger autonom, als wir sein möchten. Was bedeutet es eigentlich, frei zu sein? Und wie sehr hat es damit zu tun, dass wir alle in Beziehungen leben, in Verantwortung mit und für andere?

Suizid ist eine Beziehungstat

Wer sich das Leben nimmt, löscht eine ganze Welt aus: Sich selbst und alle, mit denen er oder sie in Beziehung steht. Seit ihrem Tod gibt es mich nicht mehr auf genau die Weise, in der mein Vater oder mein Bruder mich wahrgenommen haben. Diese Person ist mit ihnen gestorben. Wer sich selbst tötet, kappt alle Beziehungen. Für immer.

Nicht für alle Suizident:innen mag das eine Tragödie sein, für diejenigen aber, die diesen Menschen lieben, ist es eine Katastrophe. Es ist das schlimmste Schlussmachen, das man sich vorstellen kann. Ich fühlte mich beide Male, als wäre mir Gewalt angetan worden, als hätte mich aus dem Nichts eine Faust in den Magen getroffen. Kein Wunder: Tatsächlich äußern sich psychische und emotionale Verletzungen oft mit ähnlichen Schmerzempfindungen, da sie, wie ein Forscherteam der University of Michigan zeigt, in den gleichen Gehirnregionen verarbeitet werden.[71]

Natürlich bleibt Angst ein großes Thema. Wir haben den instinktiven Drang, vor dem Suizid zurückzuweichen. Die durch ihn ausgedrückte strikte Daseinsverneinung bedroht uns so grundsätzlich, dass wir uns schnellstens aus der Gefahrenzone bringen wollen. Als Angehörige:r kann man das leider nicht. Man ist gezwungen zu bleiben und das Unvorstellbare auszuhalten. Oft ist dieses Erlebnis traumatisierend, und viele Betroffene berichten, dass sie in Folge dieser Erfahrung starke Verlustängste entwickelten.

Eine für Suizid spezifische Trauerreaktion sind Gefühle von Schuld und Mitverantwortung. Die Schuldzuweisungen – ich erzähle im Kapitel »Früher warst du anders« ausführlich davon, wie ich sie erlebt habe – kommen oft aus dem weiteren Umfeld und richten sich entweder an die Hinterbliebenen oder an den oder die Suizident:in selbst. Überlegungen wie »kein Wunder, dass der sich das Leben nimmt, bei der Familie!« sind – ob laut ausgesprochen oder nur gedacht – leider keine Seltenheit. Die Trauerexpertin Chris Paul weist darauf hin, dass Schuldzuweisungen in Krisensituationen nicht als allgemeingültige Beschreibung der Wirklichkeit zu verstehen sind, sondern als subjektive Werturteile.[72] Sie sind ein Selbstschutzmechanismus, der bei Überforderung anspringt und darum vor allem denjenigen hilft, die sie äußern.

Das erinnert mich natürlich an das Schimpfen meiner Mutter und an ihre Schuldzuweisung an meinen Vater (»Was hat er uns nur angetan?«). Damals fand ich das unerträglich, denn meine Deutung der Zusammenhänge war eine ganz andere. Mir tat mein Vater leid, und ich war vor allem traurig, dass er hatte sterben wollen. Heute kann ich die Reaktion meiner Mutter nachvollziehen und einordnen. Und ich kann damit leben, dass wir in der Deutung der damaligen Situation zu keiner objektiven Wahrheit kommen werden.

Dennoch: Was damals am meisten dazu beigetragen hat, dass ich mich sozial isoliert fühlte, waren die Schuldzuweisungen von außen. Wenn hinter vorgehaltener Hand gefragt wurde, was »bei denen« wohl schiefgelaufen sei. Chris Paul zeigt eine weitere Funktion dieser Schuldzuweisungen auf: Sie stillen ein Bedürfnis nach Nachvollziehbarkeit. Da uns Unerklärliches Angst macht, suchen wir nach logischen Zusammenhängen, um unsere Psyche zu entlasten. Sich solche Mechanismen als das, was sie sind, bewusst zu machen – nämlich subjektive Bewältigungsstrategien – schützt davor, sie mit einer vermeintlich objektiven Wahrheit zu verwechseln und sich deshalb noch schrecklicher zu fühlen als ohnehin schon. Ob man das als Betroffene:r in akuter Trauer immer leisten kann, wage ich zu bezweifeln. Aber einer trauernden Freund:in kann man mit dieser Erklärung vielleicht etwas Entlastung verschaffen.

Ein Suizid stellt Hinterbliebene auch deshalb vor besondere Herausforderungen, weil er gewöhnlich gleich drei Faktoren vereint, die eine Trauer erschweren: Suizid ist ein plötzlicher Tod, er ist gewaltsam und stigmatisiert. Der Bestatter Jan Möllers bietet Workshops für Begleitende an, die mit Trauernden nach Suizid zu tun haben, persönlich oder professionell. Einer davon heißt »Suizid ist eine Art zu sterben«.[73] Allein dieser Satz! Er klingt erst mal selbsterklärend – klar ist Suizid eine Art zu sterben. Aber eben auch nur *eine* von vielen. Und er ist eben auch eine Art zu *sterben*, also aus dem Leben zu scheiden. Für Suizid-Hinterbliebene tritt diese Tatsache häufig hinter der Art des Todes zurück. Die Szenerie ist ja auch krass: Da kommt die Polizei und nimmt den toten Körper als Beweismittel mit, es findet eine Todesfallermittlung statt, und man wird vielleicht sogar verhört – all das ist schon ziemlich viel. Für Menschen, die gerade erleben, dass eine ihnen nahestehende Person gestorben ist, ist das extrem belastend. Hier ist Unterstützung gefragt – beispielsweise eine gut begleitete Abschiednahme, bei der, wie Caro im Kapitel »Kopfkino« erzählt, der Mensch, um den es geht, und die Beziehung, die wir zu ihm haben, in den Vordergrund treten können.

Worauf es also ankommt? Auf den Menschen, den wir verloren haben und um den wir trauern, weil wir ihn lieben. Und darauf, die schwarze Wolke aufzulösen, die der Tod dieses Menschen über uns geschoben hat. Unsere gemeinsame Beziehung ist durch den verübten Suizid massiv gestört, aber wir können sie neu gestalten. Durch all die Dinge, von denen wir hier im Buch erzählen: liebevolle Erinnerungen, Gesten, Songs, Sprüche oder auch mal Schnaps. Mit ihnen stellen wir eine neue Verbindung zwischen uns her. Das braucht Zeit. Nur mit Liebe können wir die verstorbene Person mit ihrem Suizid annehmen. Dann ist dieser Tod nicht mehr so sehr eine Selbstvernichtung, sondern die Umsetzung eines zwingenden inneren Drangs, einer Selbstbestimmung, die unergründlich in der Person selbst liegt und nur ihr gehört. Die Liebe wiederfinden, das ist es, worauf es ankommt.

Torsten Brückner (1972 – 2016)
Gerold Brückner (1943 – 1998)

Hilfe bieten in Deutschland zum Beispiel:

Die Telefonseelsorge unter 0800-111 0 111
Das Info-Telefon Depression unter 0800-33 44 533
Die Stiftung Deutsche Depressionshilfe:
www.deutsche-depressionshilfe.de

Sieben Forderung
moderner

1. Eine Lobby für die Trauer

Wir fordern ein Recht auf Trauer. Für eine Trauerkultur, die den Menschen ins Zentrum stellt, nicht das Funktionieren!

2. Neue Bilder

Das Image der Trauer ist eindimensional. Wir brauchen eine neue Auffassung von Trauer – und neue (mediale) Bilder. Schluss mit Efeuranken und regnenden Wolken!

3. Offener Umgang

Die Vielfalt und die Kraft der Trauer muss endlich erzählt werden. Her mit den vielen verschiedenen Geschichten!

4. Zeit

Trauer hat einen guten Grund und einen Sinn. Geben wir ihr Zeit!

für Trauer in einer
sellschaft

5. In die Mitte holen

Wir müssen uns die Toten zurückholen. Erst, wenn sie wieder in unserer Mitte sind, kann die Trauer es auch sein. Wir brauchen eine Umgebung, die das Fühlen zulässt!

6. Die Kraft der Verletzlichkeit

Wir bekennen uns zu *Radical Softness* und bekämpfen die patriarchale Auslegung von Stärke!

7. Utopie

Wir wollen eine Trauerkultur, die uns guttut. Lasst uns in Utopien denken, nicht in Restriktionen!

Dank

Danke für den Tritt in den Hintern, lieber Andy Hahnemann, ohne den es dieses Buch hier und jetzt nicht geben würde. Und auch ohne unseren Podcast wären wir nicht auf die Idee gekommen, ein Buch zu schreiben. Deshalb geht ein dickes Dankeschön an unsere wunderbare endlich.-Community, die uns durch ihre Spenden unterstützt und durch all die schönen E-Mails und Nachrichten, die uns immer wieder die Tränen in die Augen treiben. Wir lieben eure Geschichten, auch wenn sie meistens verdammt traurig sind!

Als wir noch keinen Cent Spenden auf dem Konto hatten, haben uns verschiedene Leute mit Dingen geholfen, die wir selbst nicht konnten. Benni, José, Alex, John und Christoph: Ihr seid die Tollsten! Wir danken Bettina Eltner für die beste freundschaftlich-professionelle Unterstützung, die man sich wünschen kann, unserer Literaturagentin Franziska Günther und unserer Lektorin Doreen Fröhlich. Außerdem Christian Werner, Mareice Kaiser und Jens Friebe. Und ganz besonders Tanja Ruzicska für viele durchgearbeitete Nächte!

Caro schickt Küsse an Anne, Lina, Chrisi, Lena und Miriam – für immerwährenden Support und das schöne Leben. Und große Liebe an Peer, ohne den dieses Buch (und überhaupt alles) nicht möglich gewesen wäre … und Susann an meine Kinder Theo & Lene, an meine Mutschka, an Matthias, an die allertollsten Freund:innen Nina, Lisa, Steffen, Inge, Louise – und an einen, der mir schon ganz am Anfang gesagt hat, dass es geht, dass es wird und der nie mit Liebe geizt: danke, Hoffi.

Literatur

Bücher

Chimamanda Ngozi Adichie: *Trauer ist das Glück, geliebt zu haben*. Frankfurt/Main 2021.

Gabriele von Arnim: *Das Leben ist ein vorübergehender Zustand*. Hamburg 2021.

Roland Barthes: *Tagebuch der Trauer*. Berlin 2010.

Isabel Bogdan: *Laufen*. Köln 2019.

Marion Brasch: *Ab jetzt ist Ruhe*. Frankfurt 2012.

Judith Butler: *Gefährdetes Leben. Politische Essays*. Berlin 2005.

Zinzi Clemmons: *Was verloren geht*. Berlin 2019.

Megan Devine: *Es ist ok, wenn du traurig bist. Warum Trauer ein wichtiges Gefühl ist und wie wir lernen, weiterzumachen*. München 2018.

Joan Didion: *Das Jahr magischen Denkens*. Berlin 2014.

Annie Ernaux: *Eine Frau*. Berlin 2019.

Tomas Espedal: *Gehen oder die Kunst, ein wildes und poetisches Leben zu führen*. Berlin 2011.

Lucy Fricke: *Töchter*. Reinbek bei Hamburg 2018.

Nora Gomringer: *Gottesanbieterin*. Berlin 2020.

Lauren Groff: *Licht und Zorn*. Berlin 2016.

Michaela Haas: *Stark wie ein Phönix. Wie wir unsere Resilienzkräfte entwickeln und in Krisen über uns hinauswachsen*. München 2015.

Byung-Chul Han: *Vom Verschwinden der Rituale. Eine Topologie der Gegenwart*. Berlin 2019.

Nicolas Hoffmann/Birgit Hofmann: *Depression. Informationsmaterial für Betroffene und Patienten*. Lengerich 2020.

Stephen Joseph: *Was uns nicht umbringt. Wie es Menschen gelingt, aus Schicksalsschlägen und traumatischen Erfahrungen gestärkt hervorzugehen*. Berlin/Heidelberg 2015.

Saskia Jungnikl: *Papa hat sich erschossen*. Frankfurt/Main 2014.

Roland Kachler: *Hypnosystemische Trauerbegleitung. Ein Leitfaden für die Praxis.* Heidelberg 2019.

Peter A. Levine: *Sprache ohne Worte. Wie unser Körper Trauma verarbeitet und uns in die innere Balance zurückführt*. München 2011.

Katja Lewina: *Sie hat Bock*. Köln 2020.

Astrid Lindgren: *Ronja Räubertochter*. Hamburg 1981.

Hannah Lothrop: *Gute Hoffnung, jähes Ende. Fehlgeburt, Totgeburt und Verluste in der frühen Lebenszeit. Begleitung und neue Hoffnung für Eltern*. München 2016.

Helen MacDonald: *H wie Habicht*. Berlin 1016.

Thomas Macho: *Das Leben nehmen. Suizid in der Moderne*. Berlin 2017.

Katherine May: *Überwintern. Wenn das Leben innehält*. Berlin 2021.

Connie Palmen: *Logbuch eines unbarmherzigen Jahres*. Zürich 2014.

Chris Paul: *Ich lebe mit meiner Trauer. Das Kaleidoskop des Trauerns für Trauernde*. Gütersloh 2021.

Chris Paul: *Schuld. Macht. Sinn. Arbeitsbuch für die Begleitung von Schuldfragen im Trauerprozess*. Gütersloh 2010.

Joan Price: *Sex After Grief. Navigating Your Sexuality After Losing Your Beloved* (deutsch: Sex nach Trauer. Eine Anleitung für Intimität nach dem Verlust des liebsten Menschen). Miami 2019.

Sally Rooney: *Schöne Welt, wo bist du*. Berlin 2021.

Martin Scherer: *Hingabe. Ein Versuch über die Verschwendung*. Springe 2021.

Francis Seeck: *Recht auf Trauer. Bestattungen aus machtkritischer Perspektive*. Berlin 2017.

Andrew Solomon: *Saturns Schatten. Die dunklen Welten der Depression*. Frankfurt/Main 2001.

Barbara Stollberg-Rilinger: *Rituale*. Frankfurt/Main 2019.

Birgit Wagner: *Komplizierte Trauer. Grundlagen, Diagnostik und Therapie*. Heidelberg 2013.

Birgit Wagner: *Psychotherapie mit Trauernden. Grundlagen und therapeutische Praxis*. Weinheim 2019.

Jean-Pierre Wils: *Sich den Tod geben. Suizid als letzte Emanzipation*. Stuttgart 2021.

Maren Wurster: *Papa stirbt, Mama auch*. Berlin 2021.

Podcasts

On Being with Krista Tippett.

Ich bin hier und du bist tot. Mit Stephi & Jenni.

Terrible, thanks for asking. With Nora McInerny.

Weiterführende Lektüre

Jean Améry: *Hand an sich legen. Diskurs über den Freitod*. Stuttgart 1976.

Albert Camus: *Der Mythos des Sisyphos*. Reinbek bei Hamburg 1999.

Ralph Caspers: *Wenn Papa jetzt tot ist, muss er dann sterben?* Köln 2020.

Elisabeth R. Hager: *Fünf Tage im Mai*. Stuttgart 2019.

Christine Kempkes: *Mit der Trauer leben lernen. Impulse für eine neue innere Balance*. Paderborn 2020.

Édouard Levé: *Selbstmord*. Berlin 2012.

Ariel Levy: *Gegen alle Regeln. Eine Geschichte von Liebe und Verlust*. München 2017.

Barbara Peveling, Nikola Richter (Hg.): *Kinderkriegen. Reproduktion reloaded*. Hamburg 2021.

Max Porter: *Trauer ist das Ding mit Federn*. Berlin 2015.

Roland Schulz: *So sterben wir. Unser Ende und was wir darüber wissen sollten*. München 2018.

Francis Seeck: *Zugang verwehrt. Keine Chance in der Klassengesellschaft: wie Klassismus soziale Ungleichheit fördert*. Hamburg 2022.

Héctor Wittwer: *Der Tod. Philosophische Texte von der Antike bis zur Gegenwart*. Stuttgart 2014.

Irvin D. Yalom: *In die Sonne schauen. Wie man die Angst vor dem Tod überwindet*. Berlin 2008.

Quellen

1 Siehe: BGB, Paragraf 616, »Vorübergehende Verhinderung«. Nützliche Informationen bietet der Bundesverband Deutscher Bestatter: https://www.bestatter.de/wissen/todesfall/sonderurlaub-im-todesfall/ (letzter Aufruf: 05.10.2021).

2 Chris Paul: *Ich lebe mit meiner Trauer*. München 2021.

3 Birgit Wagner: *Psychotherapie mit Trauernden. Grundlagen und therapeutische Praxis*. Weinheim 2019, S. 17.

4 Trauer und Trauerbegleitung. Eine Handreichung des DHPV: https://www.dhpv.de/files/public/themen/2017_HR_TrauerundTrauerbegleitung.pdf (letzter Aufruf: 05.10.2021).

5 Birgit Wagner: *Psychotherapie mit Trauernden*, S. 13.

6 Matthias Horx: Heilsame Abschiede. Acht Thesen zur Trauerkultur im Zeitalter der Individualität. Siehe: https://trauer-now.de/wp-content/uploads/sites/2/2021/03/Acht-Thesen-zur-Trauerkultur-im-Zeitalter-der-Individualität.pdf (letzter Aufruf: 05.10.2021).

7 Birgit Wagner: *Psychotherapie mit Trauernden*, S. 22.

8 *On Being*: Andrew Solomon with Krista Tippett. Unediertes Manuskript zum gleichnamigen Podcast, 2002. Übersetzung von der Autorin.

9 Nicolas Hoffmann/Birgit Hofmann: *Depression. Informationsmaterial für Betroffene und Patienten*. Lengerich 2020, S. 31.

10 Vgl. Birgit Wagner: *Komplizierte Trauer, Grundlagen, Diagnostik und Therapie*. Heidelberg 2013, S. 4.

11 Vgl. die Darstellung bei Roland Kachler: *Hypnosystemische Trauerbegleitung*, Heidelberg 2019, S. 36.

12 Siehe die Washington Post-Kolumne von Carolyn Hax: https://www.washingtonpost.com/lifestyle/advice/carolyn-hax-grieving-the-parent-you-have-and-the-parent-you-wish-youd-had/2019/10/03/8da2e7de-e150-11e9-be96-6adb81821e90_story.html (Übersetzung von der Autorin, letzter Aufruf: 05.10.2021).

13 Tanja M. Brinkmann, Chris Paul: »Gesellschaftliche Systeme und ihre Trauernormen am Beispiel aberkannter Trauer«. In: *Leidfaden. Trauer hat System. Fachmagazin für Krisen, Leid und Trauer*, 2015, 4. Jg., Nr. 3, S. 8–17.

14 Kenneth Doka: »Entrechtete Trauer«. In: *Leidfaden. Leid im Abseits. Aberkannte und nicht gesehene Trauer*. Fachmagazin für Krisen, Leid, Trauer, 2014, 3. Jg., Nr. 3, S. 4–8.

15 endlich. Podcast: »endlich. Interview« mit Jan Möllers, 23. August 2020. https://endlich.cc/endlich-interview-mit-jan-moellers/ (letzter Aufruf: 05.10.2021).

16 Siehe die Webseite von Chris Paul https://chrispaul.de/ (letzter Aufruf: 05.10.2021).

17 Megan Devine: *Es ist ok, wenn du traurig bist. Warum Trauer ein wichtiges Gefühl ist und wie wir lernen, weiterzumachen*. München 2018, S. 39.

18 Saskia Jungnikl: *Papa hat sich erschossen*. Frankfurt/Main 2014, S. 161.

19 Megan Devine: *Es ist okay*, S. 223.

20 https://twitter.com/_Bestattung/status/1408154948697743364 (letzter Aufruf: 05.10.2021).

21 Birgit Wagner: *Komplizierte Trauer*, S. 43.

22 endlich. Podcast: »endlich. Live« mit Maren Wurster, 25. Oktober 2021. https://endlich.cc/tag/maren-wurster/ (letzter Aufruf: 05.10.2021).

23 https://www.trostwerk.de/home/begleitet/ (letzter Aufruf: 05.10.2021).

24 Siehe Roland Kachler: *Hypnosystemische Trauerbegleitung. Ein Leitfaden für die Praxis*. Heidelberg 2019, S. 44.

25 Siehe Chris Paul: *Schuld. Macht. Sinn. Arbeitsbuch für die Begleitung von Schuldfragen im Trauerprozess*. Gütersloh 2010.

26 Marion Brasch: *Ab jetzt ist Ruhe*. Frankfurt 2012, S. 400.

27 Megan Devine: *Es ist okay*, S. 90.

28 Peter A. Levine: *Sprache ohne Worte. Wie unser Körper Trauma verarbeitet und uns in die innere Balance zurückführt*. München 2011, S. 75.

29 Vgl. Claudia Voigt: »Das Kind steht Kopf«. In: Spiegel, Nr. 5, 29.01.2016.

30 Siehe »Was 20 Minuten im Grünen bewirken«. In: *Spiegel*, 07. April 2019, https://www.spiegel.de/gesundheit/diagnose/natur-parks-wald-schon-20-minuten-im-gruenen-senken-das-stresslevel-a-1261673.html (letzter Aufruf: 05.10.2021).

31 Siehe Sarah Heidi Engel: »Wenn die Wiege leer bleibt«. In: *Zeit*, 20. März 2021, https://www.zeit.de/zeit-magazin/leben/2021-03/fehlgeburt-schwangerschaft-mutterschaft-familie-schuld-trauer-psyche (letzter Aufruf: 05.10.2021).

32 Siehe Katharina Mau: »Wir sollten offen über Fehlgeburten sprechen«. In: quarks, 5. Juni 2021, https://www.quarks.de/gesellschaft/psychologie/wir-sollten-offener-ueber-fehlgeburten-sprechen/ (letzter Aufruf: 05.10.2021).

33 Siehe Alexandra Aschbacher: »Es geht auch ohne Operation«. In: *Zeit*, 6. Juni 2012, https://www.zeit.de/2012/24/M-Fehlgeburten/komplettansicht (letzter Aufruf: 05.10.2021).

34 endlich. Podcast: »endlich. Interview« mit Kerstin von der Hude, 27. Oktober 2018, https://endlich.cc/wenn-babies-sterben-was-frueh-verwaiste-eltern-brauchen/ (letzter Aufruf: 05.10.2021).

35 Zur Änderung des Personenstandsrecht 2013 siehe: https://www.bmfsfj.de/bmfsfj/themen/familie/sternenkinder-75368 (letzter Aufruf: 05.10.2021).

36 Vgl. die Bekanntmachung im epd sozial: https://w.epd.de/sw/2019/12/13/4-1.htm (letzter Aufruf: 05.10.2021).

37 endlich. Podcast: »endlich. Interview« mit Moni Knese, 27. Januar 2019, https://endlich.cc/kinder-und-trauer/endlich-mit-moni-knese/ (letzter Aufruf: 05.10.2021).

38 Byung-Chul Han: *Vom Verschwinden der Rituale. Eine Topologie der Gegenwart.* Berlin 2019, S. 10, Hervorhebung vom Autor.

39 Barbara Stollberg-Rilinger: *Rituale*, Frankfurt/New York 2019, S. 65.

40 endlich. Podcast: »Tod und Popkultur Teil 2. Im Gespräch mit Erica Freas«, 30. Dezember 2018, https://endlich.cc/tod-und-popkultur-ii-theres-power-in-the-mourning-the-grief/ (letzter Aufruf: 05.10.2021).

41 Roland Kachler: *Hypnosystemische Trauerbegleitung*, 2019, S. 97.

42 Ebenda, S. 45.

43 Gabriele von Arnim: *Das Leben ist ein vorübergehender Zustand.* Hamburg 2021, S. 215.

44 Kenneth Doka: »Entrechtete Trauer«, S. 7.

45 Siehe die Website des Bestatters: https://www.thanatos-berlin.de/queere-bestattung/ (letzter Aufruf: 05.10.2021).

46 Vgl. die Anfrage von Sebastian Schlüsselburg im Januar 2021: https://pardok.parlament-berlin.de/starweb/adis/citat/VT/18/SchrAnfr/S18-26201.pdf (letzter Aufruf: 05.10.2021).

47 Francis Seeck: *Recht auf Trauer. Bestattungen aus machtkritischer Perspektive.* Berlin 2017, S. 12.

48 Ebenda, S. 79.

49 Alice Radosh: »Taboo Times Two«. In: Soffer, Birkner: *Modern Loss. Candid conversations about grief.* New York 2018, S. 191 und S. 193. Übersetzung von der Autorin.

50 Lauren Groff: *Licht und Zorn*, Berlin 2016.

51 Isabel Bogdan: *Laufen*, Köln 2019.

52 Joan Price: *Sex After Grief. Navigating Your Sexuality After Losing Your Beloved.* Miami 2019.

53 Zinzi Clemmons: *Was verloren geht.* Berlin 2019.

54 Joan Price: *Sex After Grief*, S. 53.

55 Martin Scherer: *Hingabe. Ein Versuch über die Verschwendung.* Springe 2021, S. 9.

56 Roger Willemsen und Thomas Macho im Interview mit Svenja Flasspoehler: »Und was, wenn die Wunde niemals heilt?« In: *Philosphie Magazin*, 13. Februar 2015. https://www.philomag.de/artikel/und-was-wenn-die-wunde-niemals-heilt (letzter Aufruf: 05.10.2021).

57 Tanja Zöllner, Lawrence G. Calhoun, Richard G. Tedeschi: »Trauma und persönliches Wachstum«. In: Andreas Maercker, Rita Rosner (Hrsg.): *Psychotherapie der posttraumatischen Belastungsstörungen.* Stuttgart 2006, S. 36–45, hier: S. 37.

58 Zitiert nach Michaela Haas: *Stark wie ein Phönix. Wie wir unsere Resilienzkräfte entwickeln und in Krisen über uns hinauswachsen*. München 2015, S. 55.

59 Zitiert nach: ebenda.

60 Siehe Stephen Joseph: *Was uns nicht umbringt. Wie es Menschen gelingt, aus Schicksalsschlägen und traumatischen Erfahrungen gestärkt hervorzugehen*. Berlin/Heidelberg 2015, S. 4.

61 Vgl. die Darstellung von Ann-Kristin Tlusty: »Unverwundbar nach dem Corona-Trauma«. In: *Zeit*, 25. Mai 2020. https://www.zeit.de/wissen/gesundheit/2020-05/posttraumatisches-wachstum-corona-pandemie-psychologie-krisen (letzter Aufruf: 05.10.2021).

62 Tanja Zöllner, Lawrence G. Calhoun, Richard G. Tedeschi: »Trauma und persönliches Wachstum«, S. 40.

63 Roland Barthes: *Tagebuch der Trauer*. München 2010, S. 17.

64 Siehe der 2014 von der WHO veröffentlichte und von der Stiftung Deutsche Depressionshilfe herausgegebene Bericht: Suizidprävention. Eine globale Herausforderung: http://apps.who.int/iris/bitstream/handle/10665/131056/9789241564779-ger.pdf;jsessionid=24D40369159572BBB917B70480ED3535?sequence=14 (letzter Aufruf: 05.10.2021).

65 endlich. Podcast: »endlich. live« mit Saskia Jungnikl, 27. Mai 2018 https://endlich.cc/endlich-live-mit-saskia-jungnikl/ (letzter Aufruf: 05.10.2021).

66 Die folgenden Ausführungen verdanke ich vor allem einer aufschlussreichen Untersuchung des Philosophen Thomas Macho: *Das Leben nehmen. Eine Kulturgeschichte des Suizids*. Berlin 2017.

67 So lautet das Motto einer Aktion, die Nordrhein-Westfalen und Niedersachsen 2005 anlässlich des dritten Weltsuizidpräventionstages ins Leben gerufen haben. Bernd Blömeke: »Öffentlichkeitsarbeit und Vernetzung«. In: Evangelische Konferenz für TelefonSeelsorge und Offene Tür e. V./ Katholische Konferenz für TelefonSeelsorge und Offene Tür (Hrsg.): *Handbuch Suizidprävention*, Berlin/Bonn 2009, ohne Seitenangabe. https://www.telefonseelsorge.de/wp-content/uploads/2020/05/Handbuch-Suizidpraevention.pdf (letzter Aufruf: 05.10.2021).

68 Andrew Solomon: *Saturns Schatten*. Frankfurt 2013, S. 231.

69 Stiftung Deutsche Depressionshilfe (Hrsg.): *Suizidprävention*, S. 8.

70 Andrew Solomon: *Saturns Schatten*. S. 250.

71 Siehe https://www.wissenschaft.de/umwelt-natur/wenn-gefuehle-weh-tun/ (letzter Aufruf: 05.10.2021).

72 Chris Paul: *Schuld. Macht. Sinn*, S. 93.

73 endlich. Podcast: »endlich. Interview« mit Jan Möllers, 23. August 2020 https://endlich.cc/endlich-interview-mit-jan-moellers/ (letzter Aufruf: 05.10.2021).

Zitate im Buch

Der Abdruck der folgenden Schmuckzitate erfolgte mit freundlicher Genehmigung der jeweiligen Verlage:

S. 13: Joan Didion, *Das Jahr magischen Denkens*. Übersetzt von Antje Rávic Strubel. Ullstein, Berlin 2006.

S. 33: Helen McDonald, *H wie Habicht*. Übersetzt von Ulrike Kretschmer. Ullstein, Berlin 2016.

S. 81: Chimamanda Ngozi Adichie, *Trauer ist das Glück, geliebt zu haben*. Übersetzt von Anette Grube. S. Fischer, Frankfurt am Main 2021.

S. 99: Connie Palmen, *Logbuch eines unbarmherzigen Jahres*. Übersetzt von Hanni Ehlers. Diogenes, Zürich 2014.

S. 113: Astrid Lindgren, *Ronja Räubertochter*. Übersetzt von Anna-Liese Kornitzky, illustriert von Ilon Wikland. Oetinger, Hamburg 1981.

S. 165: Zinzi Clemmons, *What we lose*. Fourth Estate, London 2018.

S. 195: Judith Butler, »Gewalt, Trauer, Politik«, in: Dies.: *Gefährdetes Leben: Politische Essays*. Übersetzt von Karin Wördemann. Suhrkamp, Frankfurt am Main 2005.

S. 207: Sally Rooney, *Schöne Welt, wo bist du*. Übersetzt von Zoë Beck. Claassen, Berlin 2021.